Théâtre du Luxembourg.

LES ÉTRENNES DU DIABLE

REVUE-VAUDEVILLE

EN DEUX ACTES ET QUATRE TABLEAUX,

Représentée pour la première fois à Paris, le 27 Décembre 1852

PAR

M. Alexandre FLAN.

(Airs nouveaux de M. Johnny HANLON, Chef d'orchestre du Théâtre.)

PARIS,
CHEZ LES PRINCIPAUX LIBRAIRES.

1852.

LES ÉTRENNES DU DIABLE,

REVUE-VAUDEVILLE

EN DEUX ACTES ET QUATRE TABLEAUX,

Représentée pour la première fois, à Paris, sur le **THÉATRE DU LUXEMBOURG**, le 27 Décembre 1852,

Par M. Alexandre FLAN.

(Airs nouveaux de M. Joanny GANDON, chef d'orchestre du théâtre.)

PERSONNAGES.	ACTEURS.	PERSONNAGES.	ACTEURS.
SATAN,	M. BEAULIEU.	DEUXIÈME VOISIN,	M. LOUIS.
UN TAILLEUR,	M. ALEXIS COLLEUILLE.	LE JOUEUR DE BOULES,	
LE POSTILLON,		LE JUIF ERRANT,	M. CONSTANT.
PLATRAS,	M. TAÏS.	LA TOUR SAINT-JACQUES,	
LICHARD III,		LE COCHER,	M. ERNEST.
			MM^{mes}
LIMOUSIN,	M. FAUGÈRE.	LE LUXEMBOURG,	ALICE.
L'APPRIVOISEUR,		BLANC-DE-ZINC,	
LE PONT-NEUF,	M. JULES.	LA TOMBOLA,	PAULINE.
FENDLAIR,		FLEUR-DES-POIS,	IDA.
LE MAT-DE-COCAGNE,	M. ALFRED.	ROSE POMPON,	LUCILE.
ELECTRIC,		BICHONNETTE,	AGÈLE.
LES FRANÇAIS,	M. ETIENNE.	SULFURINE,	FRANCESCA.
L'INGÉNIEUR,		CÉRUSE,	JEANNE.
PREMIER VOISIN,	M. DUMAY.	LE NEGRE,	OLYMPE.
UN MONSIEUR,		LA BERGÈRE,	
L'ODÉON,	M. FÉLIX.	LA GRISETTE,	JENNY.
		Hommes et femmes, — Guerriers.	

(S'adresser, pour la Musique de cet ouvrage et de ceux représentés sur ce théâtre, à M. Joanny GANDON, Chef d'orchestre et Bibliothécaire au théâtre.)

ACTE PREMIER.

PREMIER TABLEAU.

Une visite à Satan.

Intérieur de l'Enfer. — Attirail diabolique.

SCÈNE PREMIÈRE.

SATAN, seul.

(Costume traditionnel, rouge, avec queue et cornes.)

Non !... non !... je n'y suis pour personne... oui !... le métier de diable est un métier d'enfer... pas un instant de répit, pas un instant de repos... — Appelez-vous donc Satan, soyez donc roi, pour avoir cent fois plus de tracas, mille fois plus de besogne que le plus chétif mortel... — Il n'y a pas à dire, ces diables d'hommes, car ce sont eux qui sont les diables, me laissent à peine le temps de souffler; ils sont là des milliers qui me tirent par la queue, à ne pas même me permettre de vaquer à mes fonctions personnelles... — et comme si cet affreux exercice n'était pas suffisant, tout ce qu'ils ont de mauvais sur terre, ils me l'envoient : les gardes nationaux m'envoient leurs billets de garde, les marchands leurs échéances, les débiteurs leurs huissiers, les locataires leurs propriétaires... les maris m'envoient leurs femmes, les femmes m'envoient leurs maris... et mille autres encore, sans compter les journaux, les brochures, les pièces de théâtre... — Car Dieu sait ce qu'on envoie de choses au diable... (Avec colère.)

AIR : *Mazaniello.*

C'en est une pluie, une averse,
Un déluge toujours nouveau;
Je devrais, cessant mon commerce,
Mettre à mon royaume... écriteau.
Je ne puis vivre de la sorte,
L'enfer commence à m'embêter...
(Riant.)
Tiens, je crois, le diable m'emporte !
Que je finis par m'emporter.   (bis.)

(On frappe à grand bruit.) Allons, bon !... voilà

encore qu'on vient me déranger... (*Appelant.*) Sulfurine !

SCÈNE II.

SATAN, SULFURINE.

*(Elle est en robe couleur de soufre, ornée d'attri-
buts diaboliques.)*

SULFURINE.

Maître...

SATAN.

Qui vient là ?

SULFURINE.

Une masse de gens qui demandent à vous parler.

SATAN.

Encore ! je ne veux pas les recevoir.

SULFURINE.

Il y a des demoiselles en maillot de chair, et des
messieurs en habit noir avec des papiers sous le bras.

SATAN.

Des demoiselles, c'est différent... qu'elles entrent. —
Quant aux hommes noirs...

SULFURINE.

Ce sont des gens de lettres...

SATAN.

Des vaudevillistes, sans doute, qui se donnent à moi
parce qu'ils ne peuvent pas trouver une idée neuve...

SULFURINE.

Précisément, des vaudevillistes...

SATAN.

Je ne veux pas les voir... Des messieurs qui se per-
mettent de me mettre en pièces, à toutes sauces, en
opéras, en comédies, en drames, en vaudevilles...

SULFURINE.

Que voulez-vous, maître ! n'avez-vous pas fait la
moitié du succès de leurs œuvres ?

Air *du Diable à Paris.*

Un jour qui sauva
Le Grand-Opéra ?
C'est *Robert-le-Diable.*
Recette incroyable,
Titre inexplicable,
Le succès est là.

Gaîté : les *Sept Châteaux du Diable*,
Un succès !
Vaud'vill : les *Mémoires du Diable*,
Un succès !
A l'Ambigu : le *Fils du Diable*,
Un succès !
Sans oublier la *Queu' du Diable*,
Aut' succès !
Folies : les *Premièr's arm's du Diable*,
Un succès !
Et les fameus' *Pilul's du Diable*,
Quel succès !

Le diable vraiment
Est un bon enfant,
Oui, c'est un bon diable,
Recette incroyable,
Titre inexplicable
Pour fair' de l'argent.

(*Reprise ensemble du refrain.*)

SATAN.

Tout ça est bel et bon, mais je ne les recevrai pas...
à moins qu'ils ne m'apportent mes droits d'auteur.

SULFURINE.

Je ne crois pas... — Du reste, dans ce moment, le
théâtre ne pense guère à vous... Il ne s'occupe que
d'un monsieur.

SATAN.

Un monsieur... quel Monsieur ?

SULFURINE.

N'importe lequel.

SATAN.

Comment ? n'importe lequel... — Sulfurine, quel est
ce logogriphe ? j'ai de l'esprit comme un démon, mais
je ne comprends pas...

SULFURINE.

Jugez... — Voici les titres à la mode : Folies-Dra-
matiques : *Un Monsieur qui n'a pas d'habit.* Palais-
Royal : *Un Monsieur qui suit les femmes.* Variétés :
Un Monsieur qui prend la mouche. Même théâtre :
Un Monsieur qui ne veut pas s'en aller...

SATAN.

Eh bien !... et le public ? prend-il la mouche ?

SULFURINE.

Il suit les femmes, il ne veut pas s'en aller...

SATAN.

Ce hors-d'œuvre me ramène à nos demoiselles au
maillot... — Qu'elles entrent !

SCÈNE III.

SATAN, SULFURINE, FLEUR-DES-POIS, ROSE-POM-
PON, BICHONNETTE, *(en danseuses d'Opéra, costume du ballet de Moïse. — Elles arrivent en se
tenant en'accès et en dansant).*

Air : *L'île d'amour.*

FLEUR-DES-POIS, ROSE-POMPON, BICHONNETTE.

Place aux rats,
Aux rats de la danse,
A leurs pas,
A leurs entrechats !
Place aux rats !
Folie et bombance !
N'interrompez pas
Leurs joyeux ébats.
La ra fla fla fla, ra ra ra ra.) bis.
La ra fla fla fla, ra ra ra ra.)

FLEUR-DES-POIS.

A nos p'tits talents rien ne manque,
Chaque rat est un vrai trésor...
Nous mangeons d'tout... des billets d'banque
Et des soupers d'la Maison d'or,
Des cach'mir's et des billets d'banque
Et des soupers d'la Maison d'or !
(*Reprise ensemble.*)
Place aux rats, etc.

SATAN.

Puis-je savoir ?

FLEUR-DES-POIS.

Fleur-des-Pois !

ROSE-POMPON.

Rose Pompon !

BICHONNETTE.

Bichonnette !

SATAN.

Ah ! vous êtes des rats... — Qu'est-ce que c'est que
des rats, mes petites chattes ?

FLEUR-DES-POIS.

Des représentantes... du corps de ballet.

ROSE POMPON, *faisant un jeté-battu.*

Des sauterelles...

BICHONNETTE.

Des porte-maillots...

FLEUR-DES-POIS.

Expressions choisies dont on se sert dans les coulisses de l'Opé...

SATAN.

L'Opé... quoi?

FLEUR-DES-POIS.

L'Opé... ra! — Encore un mot qui se dit dans les coulisses...

SATAN, *lutinant Fleur-des-Pois.*

Je t'y ferais bien des yeux... en coulisses, toi, petite...

FLEUR-DES-POIS.

Taisez-vous, vieux Satan... — faites-vous ermite plutôt.

SATAN.

Ah! çà, pourquoi êtes-vous toutes les trois les bras nus?

FLEUR-DES-POIS.

C'est l'uniforme du ballet de *Moïse.*

SATAN.

Ah! ah!... c'est un ballet sans manches...

FLEUR-DES-POIS.

Tout juste.

SATAN.

Mais qu'est-ce que c'est que Moïse?

FLEUR-DES-POIS.

Un ancien opéra, une reprise qui ne sera pas perdue: *Moïse sauvé des eaux.*

SATAN.

Air de l'Artiste.

Quoi! vous sauvez Moïse?

LES TROIS RATS.

Des eaux nous le sauvons.

SATAN.

Mes rats, pas de bêtise...
S'il vous plaît, raisonnons!
Vous êtes fort allègres
Et dignes de bravos,
Mais vous êtes trop maigres   } bis.
Pour le sauver des os.

FLEUR-DES-POIS.

Ah! c'est méchant...

SATAN.

Je ne suis pas le diable pour rien... — mais tout cela ne me dit pas l'objet de votre visite...

FLEUR-DES-POIS.

Vous ne devinez pas?

SATAN.

Ma foi, non.

FLEUR-DES-POIS.

Ah! çà, où diable avez-vous l'esprit?

ROSE POMPON.

Nous voici à la fin de l'année...

BICHONNETTE.

Au jour de l'an...

FLEUR-DES-POIS.

Aux étrennes...

SATAN.

Eh bien!

FLEUR-DES-POIS.

Eh bien!... Un Espagnol qui me veut du bien m'a refusé un cachemire d'Inde, avec marque de fabrique.

ROSE POMPON.

Un boyard qui m'admire m'a refusé une rivière de diamants de la plus belle eau.

BICHONNETTE.

Un Anglais qui m'applaudit m'a refusé une voiture...

SATAN.

Un milord refuser une voiture!... oh!

FLEUR-DES-POIS.

En un mot, lorsque nous avons demandé nos étrennes à ces messieurs, ils nous ont envoyées au diable. — Alors, nous nous sommes dit: Eh bien! nous irons au diable, puisqu'on nous y envoie... — Il est venu nous voir souvent à l'Opéra dans la *Tentation,* dans *Robert,* dans le *Diable-à-Quatre,* dans le *Violon du Diable,* nous pouvons aller le trouver sans crainte... — Et nous voilà!

SATAN.

A merveille!... — mais que puis-je faire pour vous?

FLEUR-DES-POIS.

Nous donner ce qu'on nous refuse... des étrennes.

SATAN.

Des étrennes!... — à quel titre?

FLEUR-DES-POIS.

Nous avons fait damner assez de gens, vous pourrez bien faire quelque chose pour nous.

SATAN.

Eh bien! soit... — Sulfurine!

SULFURINE.

Maître?

SATAN.

Le chaudron infernal?

(*Sur un signe de Sulfurine, deux diables apportent un chaudron d'où s'échappent des flammes.*)

SATAN.

Beaux rats, rats ravissants, rats rares... vous me demandez des étrennes... que votre souhait soit accompli... recevez le cadeau que vous offre le ci... (*Il tire du chaudron les objets qu'il désigne*). ...des-Pois, voici la baguette d'évocation, à l'aide de laquelle tu pourras faire apparaître ce que tu désireras!...

FLEUR-DES-POIS, *recevant la baguette.*

Merci, Satan.

SATAN.

Rose Pompon, voici un flacon d'eau de Jouvence... — Cette eau te servira à rajeunir tout ce que tu voudras.

ROSE POMPON.

Tiens !... je rajeunirai le répertoire de l'Opéra...

SATAN

Quant à toi, Bichonnette, voici le miroir de l'avenir... Son nom t'en dit assez...

SULFURINE

Et moi, maître, vous ne me donnez pas d'étrennes ?

SATAN.

Si ! si !... je vais te donner... l'étrenne de ma barbe. (*Le chaudron disparaît.*) Et maintenant, jeunes rats, que vous êtes contents et satisfaits (*Jean en geste plein de dignité.*), fichez-moi le camp...

FLEUR-DES-POIS.

Du tout... — Je veux user du pouvoir que tu viens de me donner. (*Agitant sa baguette.*) Satan, je t'évoque et je te convoque à venir faire un tour à Paris avec nous... — Grâce aux étrennes magiques que tu nous a données, nous pourrons te procurer tous les plaisirs, toutes les fêtes... — Sois des nôtres...

ROSE POMPON et BICHONNETTE

Oui... oui...

SULFURINE.

Allons, soyez bon diable.

SATAN.

Eh bien ! oui... — Moi qui tente les autres, je me laisse tenter... — Aussi bien, je commence à me rouiller dans mon infernal royaume... — En route ! mes enfants... — Toi, Sulfurine, garde-z-la boutique en m'attendant...

SULFURINE

Oui, maître...

FLEUR-DES-POIS.

Minute ! monarque souterrain... — Vous ne pouvez pas décemment vous présenter dans ce costume traditionnel... mais décolleté... — Je tiens à vous transformer en lion du jour. (*Agitant sa baguette.*) A moi ma baguette... Un tailleur !...

SCÈNE IV.

LES MÊMES ; LE TAILLEUR.

LE TAILLEUR.

(*Habillement excentrique.*)

Air : *Trou la la.*

La voici, le voilà,
Demandez par ci, par là,
La voici, le voilà,
Le roi des tailleurs, oui da !
Dans mon caravansérail,
Je vends en gros, en détail ;
J'ai, pour les gens bien couverts,
L'été, des habits... divers.
　　Le voici, le voilà, etc.
Mes confrères sont jaloux,
Tant pis ! il faut filer doux...
Je suis adroit et subtil,
Et, plus qu'eux tous, j'ai le fil.
　　Le voici, le voilà, etc.

Demandez, faites-vous servir... — Je suis le propriétaire, le fondateur, le créateur du Caravansérail aux Habits... — Tailleur de lettres...

FLEUR-DES-POIS.

Vous taillez les lettres ?

LE TAILLEUR.

Du tout... je taille les habits... — Je suis le tailleur de Pierre, je suis le tailleur de gens... très comme il faut, je suis le tailleur de tout le monde... — Mais je cultive les lettres...

SATAN.

Vous êtes poète ?

LE TAILLEUR.

Fi donc ! Je suis prosateur... Voulez-vous des échantillons ?

SATAN.

De vos étoffes...

LE TAILLEUR.

Non, de mes annonces colossales, de mes prospectus gigantesques... — Arrière ces petits malheureux négociants sans adresse, qui font distribuer les leurs au coin des rues... — Arrière ces enseignes vulgaires qui n'enseignent rien... — Parlez-moi de mes affiches bleues, jaunes, vertes, qui en font voir de toutes les couleurs au public parisien... Exemple !

(*Une grande affiche jaune sort de terre.*)

FLEUR-DES-POIS.

Ah ! mon Dieu !... Paris va fondre...

SATAN.

Encore cinq minutes !!!

ROSE POMPON.

150,000 hommes !

BICHONNETTE.

Abd-el-Kader...

SATAN.

Qu'est-ce que tout cela veut dire ?

LE TAILLEUR.

C'est l'appât, l'hameçon, la ficelle, la cascade, la balançoire... — Qu'est-ce que cela veut dire ?... Voilà ce que se demande le public... — Il est intrigué, piqué, attiré; il approche, il lit...; il est pincé !... (*Lisant l'affiche d'une voix forte*): Paris va fondre !! (*à mi-voix*) dans les magasins du Caravansérail aux habits. (*Voix forte*): Encore cinq minutes, (*mi-voix*) et il n'y restera plus un liard de marchandises... (*Voix forte*): 150,000 hommes (*mi-voix*) peuvent être habillés des pieds à la tête. (*Voix forte*): On va s'arracher (*mi-voix*) un grand choix de bournous (*à pleine voix*) Abd-el-Kader.

SATAN.

Et ce genre de couture... (*se reprenant*) non, de littérature... vous amène beaucoup de clients ?...

LE TAILLEUR.

A ne savoir qu'en faire... — Mon Caravansérail ne désemplit pas... — J'ai du coutil froid pour juillet, du coutil semi-froid pour septembre, du drap semi-chaud pour octobre; du mérinos tiède pour décembre; du casimir, à trente-cinq degrés Réaumur, pour janvier... — et tout cela à des prix incroyables, fabuleux, féeriques... (*Otant son habit, et le montrant*): Regardez-moi cet habit-là !... Un habit sans couture !... — Trois cinquante. — C'est pour rien. — Trois cinquante et quatre-vingt-quinze pour cent de remise aux artisans... — Je veux que tout le monde porte des habits noirs... — Au manœuvre, qui grimpe à l'échelle un sac de plâtre sur le dos, habit noir... — Au balayeur, habit noir... — A l'allumeur de gaz, de réverbères..., habit noir. — L'égalité devant l'habit noir. — Et tout ça pour trois cinquante... — Le vrai, le seul, l'unique but du Caravansérail aux habits, c'est de faire cesser l'exploitation de l'homme... par le tailleur... — Pour sept soixante-quinze, je donne un pantalon de velours, un gilet de velours, un habit de velours, un talma de velours, un chapeau de velours, des souliers de velours... — Demandez ! faites-vous servir... C'est l'instant, le vrai moment ! Je détrône le Prophète, je fais la guerre aux Quatre-Nations... Quant à la Belle-Jardinière... je t'en ratisse.

SATAN.

Pardon, mais...

AIR : *La bonne aventure.*

En faisant si peu payer
　Gilet, redingotte,
Le salair' de l'ouvrier
　Devient d'la gnognotte...
Quand il s'est bien fatigué,
Pour gagner dix sous, morgué !
Il est sans culotte, ô gué !
　Il est sans culotte.

LE TAILLEUR.

N'importe !... vous êtes séduit, fasciné, embarlificoté par l'extrême-bon marché. (*Otant son habit et le lui jetant*): Un habit à monsieur... (*Otant son gilet*): Un gilet à monsieur... (*Faisant mine d'ôter son pantalon*): Un pantalon à monsieur... (*Il se ravise et jette à Satan un pantalon qu'on lui envoie du dehors.*) Un chapeau à monsieur.... (*Il lui jette son chapeau.*)

FLEUR-DES-POIS, *agitant sa baguette.*

Et maintenant !... en route pour la grande ville !...

L'affiche se change en un nuage, dans lequel se placent Satan, Fleur-des-Pois, Rose Pompon et Bichonnette.)

ENSEMBLE.

AIR : *Bon voyage, M. Dumollet.*

　Sans regrets
J'quitte |
Quittez | mes sujets,
　Vite en nuage
Affrontons le voyage,
　Et dans l'air,
Sans chemin de fer,
　Comme un éclair
Allons |
Allez | un train d'enfer.

SATAN, *qui a pris les habits, et s'est placé dans le nuage.*

Tâchons qu'en route un polisson d'orage
N'aille pas nous conduire à Tombouctou...

FLEUR-DES-POIS.

J'aimerais mieux, si nous faisons naufrage,
Tomber en Chine encor... qu'à Montretout.

(*Reprise.*)

Sans regrets, etc.

(*Le nuage s'enlève. — Sulfurine et le Tailleur font, du geste, leurs adieux aux voyageurs.*)

FIN DU PREMIER TABLEAU.

DEUXIÈME TABLEAU.

Paris sens dessus dessous.

A droite et à gauche, maisons en démolition et en construction. — Au fond, une rue en contre-bas, bordée d'une barrière de bois. — Au milieu du théâtre, une borne-poste couleur bronze.

SCÈNE PREMIÈRE.

PREMIER VOISIN, DEUXIÈME VOISIN.

(*Ils sont tous deux en costume de bain.*)

PREMIER VOISIN, *s'essuyant le front.*

Ouf ! quelle chaleur !... c'est à n'y pas tenir... je suffoque !...

DEUXIÈME VOISIN.

Et moi donc, j'avais acheté des œufs pour faire une omelette, ils ont cuit à la coque dans ma poche ! aussi vous voyez, voisin, je suis sorti en costume de bain pour visiter les travaux de la rue de Rivoli...

PREMIER VOISIN.

Et moi en peignoir.

DEUXIÈME VOISIN.

Connaît-on la cause de ces chaleurs excessives?

PREMIER VOISIN.

Parbleu! la Ville ne s'est-elle pas avisée de faire mettre des calorifères dans les rues...

DEUXIÈME VOISIN.

Des calorifères!

PREMIER VOISIN, *désignant la borne-poste.*

Regardez plutôt...

DEUXIÈME VOISIN.

Ça... c'est une boîte aux lettres...

PREMIER VOISIN.

A d'autres!... vous n'avez qu'à lever le couvercle, vous verrez bien que c'est un calorifère...

DEUXIÈME VOISIN.

Je vous dis que c'est une boîte aux lettres... nouveau modèle... — des bornes-poste.

PREMIER VOISIN.

Mais regardez donc... — Voilà une bouche de chaleur...

DEUXIÈME VOISIN.

C'est là-dedans qu'on jette la correspondance...

PREMIER VOISIN.

Ta, ta, ta, ta... — vous ne me ferez jamais croire ç... — pas si borne. — Pour ma part, si j'avais une lettre à faire partir, ce n'est pas là que je la jetterais...

DEUXIÈME VOISIN.

Vous me faites suer...

PREMIER VOISIN.

Fait-il?

DEUXIÈME VOISIN.

Imbécile!...

PREMIER VOISIN.

Hein?...

DEUXIÈME VOISIN.

Bécille...

PREMIER VOISIN, *menaçant.*

Voisin!...

DEUXIÈME VOISIN.

Voisin!...

PREMIER VOISIN.

Monsieur!...

DEUXIÈME VOISIN.

Monsieur!...

PREMIER VOISIN.

Ça ne se passera pas comme ça...

DEUXIÈME VOISIN.

Vous en êtes un autre...

ENSEMBLE.

AIR : *Rosière et nourrice.*

Parbleu! quelle audace!
Jamais osa-t-on
Insulter en face

SCÈNE II.

LES MÊMES, PLATRAS.

(Il est en vieille redingote à la propriétaire, pleine de poussière et d'éclaboussures de plâtre, et tient une grosse muselière à la main.)

PLATRAS.

Ah! mon Dieu!... une dispute!... *(S'élançant sur le deuxième voisin, qui est le plus en colère.)* Un homme courage!... vite!... vite!... *(Il passe le deuxième voisin.)*

PREMIER VOISIN, *serrant la main de Platras.*

Merci, Monsieur, vous m'avez rendu un fier service.

DEUXIÈME VOISIN, *même jeu.*

Et à moi donc, quoique vous me traitiez comme un chien... — Un peu plus, je le mordais...

PLATRAS.

Effet de la grande chaleur!...

PREMIER VOISIN.

Quel sang chaud!...

PLATRAS.

Tenez, Messieurs, sans savoir les motifs de votre querelle, je vous inviterai à prendre exemple sur moi... — Je suis très-calme, très-posé, très-pacifique, et pourtant je suis l'homme le plus endolori, le plus aburi, le plus démoli de la capitale...

PREMIER VOISIN.

Vraiment!...

DEUXIÈME VOISIN, *ôtant sa muselière.*

Vous excitez ma curiosité... j'ai soif...

PLATRAS.

Vous avez soif... tant mieux, c'est signe que vous n'êtes pas hydrophobe...

DEUXIÈME VOISIN.

Non, j'ai soif de vous entendre.

PLATRAS, *les prenant chacun sous un bras.*

Figurez-vous, Messieurs...

PREMIER et DEUXIÈME VOISIN.

Nous nous le figurons...

PLATRAS.

D'abord je me nomme Platras de mon nom et Ildefonse de mon prénom... — Figurez-vous...

PREMIER et DEUXIÈME VOISINS.

Nous nous le refigurons...

PLATRAS.

Que j'étais propriétaire depuis cent cinquante ans...

PREMIER VOISIN.

Cent cinquante ans!... vous ne les paraissez pas...

PLATRAS.

Cent cinquante ans, de grand-père en petit-fils, rue du Doyenné...

DEUXIÈME VOISIN.

Je ne connais que les pères... du Doyenné.

PLATRAS.

Place du Carrousel...

DEUXIÈME VOISIN.

Ah! oui.

PLATRAS.

PREMIER VOISIN.

Bon !

PLATRAS.

Vous dites ?

PREMIER VOISIN.

Je dis comme vous : Bon !

PLATRAS.

Non, Monsieur, ce n'est pas bon... c'est très-mauvais de demeurer dans des immeubles susceptibles de démolition... — Il y a un an, on me força de déguerpir... — Je déguerpis...

PREMIER VOISIN.

Vous déguerpîtes...

PLATRAS.

Et je fus installer mes lares rue Traînée Saint-Eustache. — Bien !

DEUXIÈME VOISIN.

Bien !

PLATRAS.

Vous dites ?

DEUXIÈME VOISIN.

Je dis comme vous, je dis : Bien !

PLATRAS.

Non, Monsieur, ce n'est pas bien, — car, trois mois après, je reçus congé pour cause d'agrandissement des halles... — Je redéguerpis...

PREMIER VOISIN.

Vous redéguerpîtes...

PLATRAS.

Et je m'installai entre la rue Saint-Denis et la rue Saint-Martin, près la tour Saint-Jacques. — Ah !

PREMIER VOISIN.

Ah !...

PLATRAS.

Vous dites ?

PREMIER VOISIN.

Je dis : Ah !

PLATRAS.

C'est : Oh ! qu'il faut dire... avec un point d'exclamation... — car la nouvelle rue de Rivoli m'a encore une fois mis sur le pavé...

DEUXIÈME VOISIN.

Le pavé ?...

PLATRAS.

Pardon, le macadam. — Je redéménageai donc...

PREMIER VOISIN.

Vous redéménageâtes...

DEUXIÈME VOISIN.

Il redéménagea.

PLATRAS.

Et j'allai demeurer faubourg Saint-Martin. (*Leur quittant le bras et se frottant les mains.*) Voilà trois mois que je suis dans mon nouveau local... J'y suis bien... j'y suis à mon aise... j'y vis tranquille et content. — Je ne fais pas partie de la garde nationale, je paie mon terme exactement, mes impôts, non ô tartrage... mon portier me salue quand je rentre et quand je sors.

PREMIER VOISIN.

De quoi vous plaignez-vous ?

PLATRAS, *se croisant les bras.*

De quoi je me plains ?... et la rue de Strasbourg ?

PREMIER VOISIN.

Elle vous force aussi à déguerpir ?

PLATRAS.

Nenni !...

DEUXIÈME VOISIN.

Vous ne déguerpissez pas ?

PLATRAS.

Si ! — Mais je suis libre de rester...

PREMIER VOISIN.

Eh bien ! alors...

PLATRAS.

Mais, Messieurs, la rue de Strasbourg en descendant du marché Saint-Laurent au boulevard me coupe mon logement en deux... J'ai une demi-salle à manger, une demi-chambre à coucher, un demi-cabinet à l'anglaise...

DEUXIÈME VOISIN.

Et vous allez ?...

PLATRAS.

Je vais dans le quartier Latin, un quartier paisible... Je pense bien que cette fois...

PREMIER VOISIN.

Et la rue des Écoles ?...

PLATRAS.

Sapristi !... vous m'y faites songer... Je suis capable d'avoir loué sur son tracé...

Air : *Un homme pour faire un tableau.*

Vous voyez que, si je voulais,
Je pourrais m'faire de la bile,
Intenter même un gros procès,
Un procès énorme à la ville...
Moi seul, je puis savoir, hélas!
Au milieu des maux qui m'arrivent.
Combien de frais et d'embarras
Ces chang'ments de locaux motivent.   } bis.

SCÈNE III.

LES MÊMES, LA TOUR-SAINT-JACQUES.

(*Ce personnage représente la tour Saint-Jacques-la-Boucherie; sa figure et ses mains passent par des lucarnes; il s'avance au moyen de roulettes.*)
LA TOUR, *d'une voix chevrotante.*

Je vous conseille de vous plaindre, qu'est-ce que je dirai donc ?...

PLATRAS ET LES VOISINS.

La Tour-Saint Jacques !

LA TOUR.

La Boucherie... Moi qui, depuis plus de trois cents ans, vivais heureuse et paisible dans un pâté...

PLATRAS.

Un pâté !...

LA TOUR.

Un pâté de bonnes vieilles masures que je protégeais de mon ombre trois fois centenaire... Maintenant, on me plante au beau milieu de la plus belle rue de Paris...

PLATRAS.

Pauvre tour !... ça vous défrise...

LA TOUR.

Corbœuf !...

PLATRAS.

Vous jurez ?...

LA TOUR.

Est-ce que ce n'est pas fait pour ça ?... Une vieille tour, qui, comme moi, tient de l'art moyen-âge et de l'art goth, doit jurer au milieu de maisons neuves...

PREMIER VOISIN.

C'est juste...

LA TOUR.

Et ces pauvres tripiers qui étendaient leurs marchandises dans mon voisinage, les voilà dans de beaux draps... Si ce n'était que ça...

PLATRAS.

Quoi donc encore ?

LA TOUR.

N'a-t-on pas le projet de me mettre un phare sur la tête pour éclairer la rue de Rivoli...

PLATRAS.

Far... ceuse ! pas de far... iboles.

LA TOUR.

Je parle sans fard... Paris doit être éclairé par quatre phares électriques : l'un, placé sur ma tête ; l'autre, sur le sommet du Panthéon ; le troisième, sur le dôme de l'Institut ; le dernier, sur celui des Invalides...

PLATRAS.

Vous voulez rire ; la vérité c'est que vous êtes trèsaise de courir un peu la prétentaine, vieille folle !...

LA TOUR.

Hein ?...

PLATRAS.

On ne reste pas comme ça trois cents ans à la même place sans avoir des picotements dans les jambes.

LA TOUR.

Eh bien ! oui, na ! Je m'ennuie d'être sans cesse à regarder les cheminées... ça me fait fumer... Et puis, toujours toute seule... au moins les tours Notre-Dame sont deux... Aussi j'ai profité des visites d'un jeune architecte pour me faire hisser par lui sur des roues, à l'aide desquelles...

PLATRAS.

Vous marchez comme sur des roulettes...

LA TOUR, s'éloignant.

Comme vous voyez...

PLATRAS ET LES DEUX VOISINS.

Bon voyage !

LA TOUR.

Reconduisez-moi donc, au moins...

PLATRAS ET LES DEUX VOISINS.

Avec plaisir... (Ils suivent la Tour-Saint-Jacques, et sortent avec elle, en chantant.)

La Tour, prends garde,
La Tour, prends garde,
De te laisser abattre.

SCÈNE IV.

SATAN, arrivant du côté opposé, puis FLEUR-DES-POIS, ROSE-POMPON et BICHONNETTE.

SATAN.

Que vis-je ?... La tour Saint-Jacques qui va se promener... O progrès ! voilà de tes tours !... Ah ! ça, où sont donc passés mes jeunes rats.. Je les ai perdus dans les décombres... impossible de remettre la griffe dessus... (Appelant.) Fleur-des-Pois ? Rose-Pompon ? Bichonnette ?

FLEUR-DES-POIS, répondant de dessous terre, à la cantonnade.

Voilà...

SATAN.

Où diable êtes-vous donc ?

FLEUR-DES-POIS, toujours sans être vue.

A côté de vous...

SATAN, cherchant.

Coucou.

FLEUR-DES-POIS.

Nous sommes descendues dans la rue de Rivoli.

SATAN.

La rue de Rivoli est donc à la cave ?

FLEUR-DES-POIS.

Un peu plus bas... Approchez-vous du garde-fou... vous nous apercevrez... Nous montons vous rejoindre.

SATAN, au fond du théâtre.

Comment ! la rue de Rivoli à trente pieds au-dessous du sol...

FLEUR-DES-POIS, montant de la rue en contre-bas, suivie de Rose-Pompon et de Bichonnette.

Sans doute... le rez-de-chaussée est au troisième... Vous comprenez qu'un quartier aussi splendide ne peut être habité que par des gens bien élevés... (Bruit au dehors.)

SATAN.

C'est pour ça qu'en voilà qui se prennent aux cheveux...

SCÈNE V.

LES MÊMES, BLANC-DE-ZINC, CÉRUSE.

(Ces deux personnages sont tout blancs des pieds à la tête.)

AIR : La Bavarde (Henrion).

Duo.

BLANC-DE-ZINC.

Tais-toi, méchante Céruse !

CÉRUSE.

Blanc-de-Zinc impertinent !

BLANC-DE-ZINC.

Ta conduite est sans excuse.

CÉRUSE.

Silence ! ou tu n'es pas blanc.

BLANC-DE-ZINC.

Oser, j'en frémis d'émoi,
Se mesurer avec moi!

CÉRUSE.

Prétendre... quelle noirceur!
Lutter avec ma blancheur.

BLANC-DE-ZINC.

Va, tes couleurs sont connues
Malgré ton air innocent...

CÉRUSE.

Sur les murailles des rues
Tu t'affiches en passant.

BLANC-DE-ZINC.

Malgré tes cris, avant peu,
Ton blanc va passer au bleu.

CÉRUSE.

Le public, qui voit ton but,
Avant peu te dira : Zut!

BLANC-DE-ZINC.

Je t'écraserai,
La guerre est ouverte!

CÉRUSE.

Tremble! j'ai juré,
J'ai juré ta perte!

BLANC-DE-ZINC.

Nous sommes rivaux,
Il nous faut justice...

CÉRUSE.

Entrons dans la lice,
Montrons nos travaux.

BLANC-DE-ZINC.

De moi tu fais fi,
Assez de manœuvre.

CÉRUSE.

Accepte un défi...
Qu'on nous juge à l'œuvre.
Victoire! ou sinon
J'y perdrai mon nom!

ENSEMBLE.

Je veux qu'on t'efface, efface, efface, efface, efface,
Va-t'en, a, i, ni,
Ton règne est fini;
Va-t'en, pas de grâce!
Pour ton blanc feral
Plus ne menace,
Nisco!
Non, non, non, non, non, non, non, non, non, non,
Non, non, non, nisco!

BLANC-DE-ZINC, à *Satan.*

Monsieur, voulez-vous nous servir d'arbitre?

CÉRUSE, à *Fleur-des-Pois, Rose-Pompon et
Bichonette.*

Mesdames, voulez-vous être nos juges?

BLANC-DE-ZINC.

Je me nomme Blanc-de-Zinc.

à la fois.

CÉRUSE.

Je m'appelle Céruse,

SATAN.

Ne parlez pas tous les deux à la fois.

BLANC-DE-ZINC.

J'ai le droit de m'exprimer le premier.

CÉRUSE.

Je proteste.

SATAN.

Quel est l'aîné de vous deux?

CÉRUSE.

Moi, Céruse.

SATAN, à *Céruse*

Vous avez la parole; expliquez vos griefs.

CÉRUSE.

Je m'appelle Céruse; mon costume vous dit assez que je suis fabricante de blanc.

SATAN.

En effet, je connais le blanc de céruse.

BLANC-DE-ZINC.

Elle en a beaucoup de ruses... mais elles sont cousues de fil blanc... N'importe! ne vous laissez pas prendre au blanc de ses ruses...

FLEUR-DES-POIS.

Silence!

CÉRUSE.

Depuis un temps immemorial, mes produits sont employés en peinture... — Je blanchis les plafonds, les boiseries, les plinthes...

BLANC-DE-ZINC.

Oui, parlez des plinthes...

FLEUR-DES-POIS.

Resilence!

CÉRUSE.

Mon usage s'étend même jusqu'aux articles de toilette... — Ces demoiselles elles-mêmes, en qualité de danseuses, en mettent sur leurs bras, sur leurs épaules, sur leur cou, pour faire saint et en faire accroire aux binocles de l'avant-scène... — Eh bien! monsieur, (*montrant Blanc-de-Zinc*), voilà un paltoquet...

BLANC-DE-ZINC.

Je suis nommé, j'ai le droit de réponse.

FLEUR-DES-POIS.

Reresilence!

CÉRUSE.

Un pas grand'chose, un rien du tout, qui a la prétention de me faire passer le goût du pain... du pain de blanc... — La rue de Rivoli voit s'élever par enchantement des milliers de maisons neuves... — Monsieur prétend soumissionner à lui tout seul toutes les peintures... — Il veut que tout soit fait au blanc de zinc...

BLANC-DE-ZINC.

De zinc, mais z'oui.

CÉRUSE.

Je soutiens que, seule, j'ai droit aux travaux à faire... — Le débat en est là.

BLANC-DE-ZINC.

Le public aussi en est las... de vos produits... — Un tas de saletés plus pernicieuses les unes que les autres...

CÉRUSE.

Calomnie!

BLANC-DE-ZINC.

Tandis que mon blanc de zinc, inoffensif comme le moucheron qui vient de naître, inaltérable comme l'Océan dit Atlantique, pur comme le lait dont il est l'emblème...

CÉRUSE.

Oui, comme le lait à la cervelle de mouton et au blanc d'Espagne.

BLANC-DE-ZINC.

Aussi, d'un jour à l'autre, et malgré vos récriminations, on fera tout au blanc de zinc...

AIR : *Drin, drin.*

Crais badigeon des murs d'la capitale,
Bonbons d'étren', baptême, et cetera,
Ceinturons ronds d'la gard' nationale,
P... sur touchant' d' la dame au Camélia,
Zinc, zinc, zinc, zinc, zinc,
Zinc, zinc, zinc, zinc, zinc, etc.

CÉRUSE.

C'est comme si vous chantiez... — Ça ne démontre rien... aux preuves! je demande que le tribunal nous donne à chacun notre tâche... il jugera sur pièces...

BLANC-DE-ZINC.

J'accepte à l'unanimité...

SATAN.

Qu'on nous serve un negre...
FLEUR-DES-POIS *agite la baguette. L'orchestre joue l'air de :* Petit blanc, mon bon frère.)

SCÈNE VI.

LES MÊMES, LE NEGRE.

(Ce personnage a la figure et les mains noires. — Ses habits sont dorés, — Il a une horloge au milieu de la poitrine, et remue la tête régulièrement comme par le mouvement d'un balancier intérieur.

LE NEGRE.

Voilà! garanti bon teint, li p'tit negre... pas oncle Tom...

BLANC-DE-ZINC.

Quel est ce moricaud ci?

LE NEGRE.

Moi, li être le negre de la porte Saint-Denis... l'enseigne vivante de l'horlogerie... la baguette à li p'tite demoiselle a fait venir moi... moi demander à elle quoi vouloir à négrillon...

SATAN.

Seriez-vous bien aise, aimable brun, de passer du noir au blanc?...

LE NEGRE.

Moi, vouloir bien; moi pas croire p'tit béké capable...

BLANC-DE-ZINC.

Nous allons voir... par exemple, il faudrait tenir votre tête un peu tranquille...

LE NEGRE.

Moi pas pouvoir, moi avoir dans l'estomac un balancier qui fait aller caboche à moi, et marcher l'heure à poitrine à p'tit negre...

BLANC-DE-ZINC.

Si ce n'est que ça, je vais vous arrêter votre balancier... sans balancer...

LE NEGRE.

Oui, mais vous retarder moi...

BLANC-DE-ZINC.

Laissez nous faire... je vous retarde pour vous avancer... (*Il arrête la tête du negre.*)

CÉRUSE.

A moi!... (*Céruse se met en devoir de blanchir la figure du negre avec son mouchoir. Trémolo à l'orchestre. Elle frictionne et fait de vains efforts, puis se dépite et frappe du pied. Blanc-de-Zinc se frotte les mains.*) J'y renonce... (*le trémolo cesse en les tout.*)

BLANC-DE-ZINC.

A mon tour! (*reprise du trémolo.*)
(*Blanc-de-Zinc frotte à son tour le visage du negre. Au bout de quelques instants le visage du negre est blanchi.*)

BLANC-DE-ZINC, SATAN, LES TROIS RATS.

Victoire! victoire!..

CÉRUSE.

J'en appelle...

BLANC-DE-ZINC.

AIR : *luth galant.*

Vous avez tort... Ah! laisser oublier
Un blanc fatal, d'un emploi meurtrier,
Que de poison contient votre blancheur suspecte;
C'est le mal, c'est la mort, que a céruse injecte.
Mon titre le meilleur, c'est que moi je respecte
Les jours de l'ouvrier. (bis)

SATAN.

Enfoncée la Céruse!... (*Elle disparaît sous terre.*)

LE NEGRE.

Ah! ça... et li negre blanc... li vouloir reprendre sa couleur nature...

BLANC-DE-ZINC.

Venez avec moi, mon Mozambique, je vais vous mener chez un marchand de cirage britannique de ma connaissance, on en vous noircira avec un vernis dont vous me direz des nouvelles.

BLANC-DE-ZINC et LE NEGRE.

ENSEMBLE.

AIR : *ah! quel plaisir.* (Cabaret de Lustucru.)

Plus de soucis
Et plus d'ennuis,
Tous débats sont finis,
Plus de propos,
Car les gros mots
Amènent les grands maux.

(*Blanc-de-Zinc sort bras dessus, bras dessous avec le Negre, — le Negre en se retournant montre au public une large horloge qu'il a en bas des reins.*)

SCÈNE VII.

SATAN, FLEUR-DES-POIS, ROSÉ POMPON, BICHONNETTE.

Eh bien! monsieur Satan... êtes-vous content de votre voyage?

SATAN.

J'en suis ravi... tout cela est plus gai que mon sombre royaume...

FLEUR DES POIS.

Il est vrai que nous faisons merveille avec vos étrennes.

ROSE POMPON.

Nous, c'est-à-dire toi, Fleur-des-Pois.

FLEUR-DES-POIS.

Tu es libre d'user de ton eau de Jouvence...

ROSE POMPON.

Soit ! je veux en faire l'essai... Qu'est ce que je pourrais bien rajeunir ? — Paris ?

FLEUR-DES-POIS.

C'est fait...

ROSE POMPON.

Le Théâtre Français ?

SATAN.

Impossible !

ROSE POMPON.

Le Pont-Neuf ?

FLEUR-DES-POIS.

La besogne est à moitié faite...

ROSE POMPON.

Je l'achèverai... (*Fleur-des-Pois*) fais-moi venir le Pont-Neuf... (*Fleur-des-Pois agite sa baguette.*)

SCÈNE VIII.

LES MÊMES, LE PONT-NEUF.

(Le costume de ce personnage est divisé en deux parties ; — d'un côté, il est vieux, usé, fané et à la Henry III, — de l'autre il est en costume du jour, — il porte un écriteau sur lequel est écrit. — (Le vieux Pont-Neuf tond les chiens et va-t-en ville, l'orchestre joue l'air du Pont-d'Avignon.)

FLEUR-DES-POIS.

Pourquoi ce costume à deux profils ?

LE PONT-NEUF (*Voix cassée.*)

Mes braves damoiselles... (*Voix jeune.*) Mes délirantes sylphides... (*Voix cassée.*) C'est qu'on ne m'a rajeuni qu'à moitié... (*Voix jeune.*) Et que j'attends la fin de mes embellissements...

ROSE POMPON.

Qu'à cela ne tienne... (*musique*); elle jette une goutte d'eau de son flacon, — le Pont-Neuf est subitement rajeuni, et porte un élégant costume du jour.)

LE PONT-NEUF.

Merci, toute belle... — Merci du service que vous venez de me rendre... vous ne vous figurez pas ce que c'est que d'être moitié jeune, moitié vieux... je devais avoir l'air d'un particulier qui ne se serait fait la barbe que d'un côté... — Enfin, je respire ! je marche... je saute... je danse... — J'avais une jambe paralysée, une jambe qui voulait courir, — une main qui sollicitait la béquille, une main qui n'attendait que le gant paille et le joue à bec d'ivoire... — Je sentais le moisi d'un côté, le patchouly de l'autre... — Me voilà au grand complet... — Encore une fois, merci !

ROSE POMPON.

Vous paraissez très-reconnaissant ?...

LE PONT-NEUF.

À l'adoration !...

ROSE POMPON.

Eh bien ! pour nous prouver votre gratitude, donnez-nous une idée de vos diverses physionomies...

LE PONT-NEUF.

Volontiers...

Air : *L'Antiquaire* (Sept Châteaux du Diable.)

Écoutez du Pont-Neuf
Tout pimpant et tout neuf,
Écoutez, s'il vous plaît,
Le portrait
Complet.
Trait pour trait.

La sombre nuit règne encor sur la Seine,
Tout est obscur, et le pont mal gardé
Sert de repaire aux nombreux tire-laine
Qui vont guettant le bourgeois attardé.

Bientôt voici le jour
De retour ;
On accourt
Autour
Des charlatans
Et des marchands
D'orviétans.

Ici, voyez, Tabarin fait parade;
Par ses bons mots ;
Il ravit les badauds ;
Là, Savoyard, son digne camarade,
Entonne au mieux
Ses ponts-neufs si joyeux.

(*Accompagnement de clochettes à l'orchestre.*)

Mais soudain, écoutez,
Par la brise apportés,
Ces airs riants
Brillants,
Tout légers et tout sautillants ;

Ces gais ding, ding, ces gais tir li ton taine,
Ces doux tin, tin, ces charmants réveillons,
C'est le refrain de la Samaritaine,
Qui fait vibrer ses mille carillons.

Plus tard, du Béarnais
Vous contemplez les traits,
Vous arrivez enfin
À notre pont contemporain.

Que de travaux accomplis à chaque arche,
Que du Pont-Neuf l'aspect est large et beau !..
On dit que l'art s'arrête dans sa marche,
Mais, ici, l'art... n'est pas tombé dans l'eau.

Et voilà du Pont-Neuf
Tout pimpant et tout neuf,
Qui, voilà, s'il vous plaît,
Le portrait
Complet
Trait pour trait,
Fait !

(*Reprise ensemble du refrain. — La nuit est venue vers la fin du couplet.*)

SATAN.

Qu'est-ce que c'est que tout ce monde là-bas ? toutes ces lumières ?...

FLEUR-DES-POIS.

Le public parisien qui se rend aux représentations de l'Hippodrome...

SATAN.

Avec des bougies, des chandelles, des rats de cave ?...

FLEUR-DES-POIS.

Sans doute... — les représentations ont lieu la nuit...

— On y voit, ou on n'y voit pas ; les chevaux infernaux, les filles de l'Érèbe, les sorcières de Macbeth...— Le spectacle est terminé par un pas sur la corde, au milieu d'un feu d'artifice, dansé par madame Saqui...— ainsi nommée par ce qu'elle s'acquit... une grande réputation.

SATAN.

En ce cas allons à l'Hippodrôme...—qu'on me donne un lampion, un candelabre de gaz, un if... n'importe quoi.

(Un piédestal sort de terre portant des lanternes, des bougeoirs, etc.)

SCÈNE IX.

LES MÊMES.

(Plusieurs personnages, hommes et femmes, portant des bougies, des chandelles, des lampes, des quinquets et des rats de cave.)

CHŒUR.

Air : *Ici pour faire bombance* (Tirelire).

Allons! et sans qu'on lanterne,
Emportons, car il fait noir,
Rats-d'cav', chandelle et lanterne
A l'Hippodrôme du soir.

Satan qui a pris une lanterne de couleur sur le piédestal, en même temps que les autres personnages.)

Avec ce nouveau système,
L'Hippodrôme est assuré
D'avoir, pendant la nuit même,
Un public... très éclairé

(Reprise du chœur.)

Allons! et sans qu'on lanterne, etc.

(Fin du 2e tableau.)

ACTE DEUXIÈME.

TROISIÈME TABLEAU.

La Course au Succès

Un Salon.

SCÈNE PREMIÈRE.

SATAN, FLEUR-DES-POIS, ROSE POMPON, BICHONNETTE.

SATAN, *assis.*

Je crois que nous avons bien gagné de nous reposer un peu... — aussi, pour aujourd'hui, je ne bouge pas de l'hôtel où nous sommes descendus... rue d'Enfer.

FLEUR-DES-POIS.

Déjà fatigué.

SATAN.

J'ai un lombago du diable... — cependant, j'aurais bien voulu visiter les spectacles de la capitale...—mais, il y en a tant, qu'on ne sait lequel choisir.

FLEUR-DES-POIS.

Si ce n'est que cela, grâce à vos étrennes, je puis les évoquer tous — et la pièce qui vous semblera la meilleure, nous irons la voir jouer...

SATAN, *se levant.*

C'est une idée, et décidément je suis enchanté de votre société, mes petits rats.

FLEUR-DES-POIS, *lui tapant sur les joues.*

Et nous donc, mon gros chat!

ROSE POMPON.

Vous êtes si bon diable.

FLEUR-DES-POIS.

En ce cas, remettez-vous dans votre fauteuil, et attention!... — Nous allons assister à la Course au succès, les théâtres vont arriver les uns après les autres... — A tout seigneur, tout honneur! *(Agitant sa baguette.)* l'Opéra!

SCÈNE II.

LES MÊMES, LE JUIF-ERRANT.

(L'orchestre joue la complainte du Juif-Errant.)

UNE VOIX, *au dehors.*

Marche! marche!

LE JUIF-ERRANT, *entrant.*

Quat'sous, quat'sous,
Hélas! comment ferons-nous?

FLEUR-DES-POIS.

Le Juif-Errant, opéra en cinq actes.

SATAN.

Ah! oui... l'homme aux éternels cinq sous.

LE JUIF.

Non!

Quat'sous, quat'sous
Hélas! comment ferons-nous?

SATAN.

Cinq sous, cinq sous...

LE JUIF.

Hélas! non!... ma rente est réduite... ce n'est plus cinq sous, c'est quatre sous...

SATAN.

Comment ça ?

LE JUIF.

La pièce de cinq sous a été démonétisée... elle a cessé d'être en circulation depuis le mois d'octobre... c'est ce qui me désole... —Pauvre pièce de cinq sous! elle a été bien affectée... Si vous la voyez, vous ne la reconnaî-triez pas, tant elle est changée... Quant à moi, j'en suis malade.

FLEUR-DES-POIS.

Bah! vous êtes riche comme un Crésus!... — vous avez fait à l'Opéra des recettes californiennes.

LE JUIF.

Oui, mais, provisoirement, me voilà au rancart, ré-duit à ma solde habituelle...

SATAN.

Cinq sous...

LE JUIF.

Non, quatre sous... à cause du système décimal...—aussi, j'ai fait la mienne de malle... et je me remets en route la canne à la main.

LA VOIX.

Marche!... Marche!..

LE JUIF.

On y va... on y va...

FLEUR-DES-POIS.

Il ne faut pas vous en aller si vite, ou vous repren-dra.

LE JUIF.

Il y a trop de reprises pour qu'on me reprenne... — reprise de la reprise de *Robert*, reprise du *Pro-phète*, reprise de *Moïse*, reprise de la *Favorite*...

SATAN.

La Favorite...

AIR : *Dans les Gardes françaises.*

Jadis à la Dam'Blanche
Chacun courait, oui-dà;
Maintenant le goût penche
Pour le Grand-Opéra...
C'théâtre a du mérite,
Et moi j'ai du quibus;
Pour voir la *Favorite*,
Je prendrai l'omnibus.

LE JUIF, *s'en allant.*

Quat'sous, quat'sous.
Hélas! comment ferons-nous?

(*Le Juif sort, la voix redit*: Marche! marche!)

FLEUR-DES-POIS, *agitant sa baguette.*

L'Opéra-National!

SCÈNE III.

SATAN, FLEUR-DES-POIS, ROSE POMPON, BICHONETTE, LE POSTILLON

LE POSTILLON, *à la cantonade.*

Oh! oh! oh!
Qu'il était beau...

SATAN.

Ah! ah! le Théâtre-Feydeau.

FLEUR-DES-POIS.

Du tout, l'Opéra-National, troisième théâtre lyrique, Odéon musical...

SATAN.

Eh bien! et l'Opéra-Comique?

FLEUR-DES-POIS, ROSE POMPON, BICHONNETTE.

Chut!...

SATAN.

Comment? chut!— c'est pourtant un théâtre qui n'y est pas habitué... aux chutes.

FLEUR-DES-POIS.

Ne réveillons pas les *Mystères d'Udolphe.*

LE POSTILLON, *entrant.*

Oh! oh! oh!
Du fruit nouveau!
Le Postillon de Longjumeau.   (*bis*)

AIR : *Ronde du Postillon*

C'est l'postillon qui vous arrive,
L'postillon d'mil huit cent trent'-six?
La voix toujours légère et vive,
Digne encor des honneurs du bis.
Clic! clac! il vient, il va paraître,
Clic! clac! voyez comme a la fois
Sur son passage à la fenêtre
Se montrent de gentils minois.
Oh! oh! oh!

L'postillon, place de la Bourse,
Jadis fit tinter son grelot.
Maintenant il a r'pris sa course
Boul'vard du Temple au grand galop;
Le brav' titi donnant l'exemple
Pour applaudir ses airs fringants,
Quand il est sur l'boul'vart du Temple
Ne prend pas au boul'vart... de gants.
Oh! oh! oh!
Du fruit nouveau!
Le Postillon de Longjumeau!
Oh! oh!
Oh! oh! oh!
Du fruit nouveau!
Le Postillon de Longjumeau!
Ça n'est pas nouveau,
Mais c'est beau.

SATAN

Ah! vous êtes le Postillon...

LE POSTILLON.

... De Longjumeau, — mais oui, mon bon homme.

(*Il fait claquer son fouet.*)

SATAN.

Ne faites donc pas tant claquer votre fouet.

BICHONNETTE.

Il en a le droit...

ROSE POMPON.

Je crois bien... — Celui-là n'a pas besoin de mon eau de Jouvence, il est toujours jeune.

LE POSTILLON.

Vous êtes bien honnête, ma petite dame.

SATAN.

Ah! ça, comment vous trouvez-vous transplanté du théâtre Feydeau à l'ex-Historique?

LE POSTILLON.

C'est bien simple : le troisième théâtre lyrique ayant été créé exprès pour M. X.... qui compose de si jolies romances, pour Mlle trois étoiles, qui écrit de si ravis-santes petites mélodies, et autres jeunes musiciens, on y exécute les œuvres d'un jeune compositeur qui dé-bute pour son 30e succès, la *Poupée de Nuremberg, Si j'étais roi*, le *Roi d'Yvetot*, le *Postillon de Long-jumeau.*

SATAN.

Air : Marianne.

Ce système ne me plaît guère,
Sachez agrandir vos faveurs;
Ouvrez chez vous une carrière
A de nouveaux compositeurs,
Plus indulgents,
Aux jeunes gens;
Donnez au moins des encouragements;
A leurs essais
Donnez accès,
Ils vous paîront un jour... par des succès.

LE POSTILLON.

M. Adam est l'premier homme
De l'opéra-comiqu' français...
N'vous étonnez donc plus, après,
S'il a toujours la pomme. (bis.)

(Il fait claquer son fouet.)

FLEUR-DES-POIS.

Passons au Théâtre-Français.

SCÈNE IV.

LES MÊMES, LE THÉATRE FRANÇAIS.

(Il est en romain avec toge et casque, et un paletot par dessus son costume.)

LES FRANÇAIS.

Vous me demandez? Qu'est-ce que vous voulez? Je n'ai pas de temps à perdre.

SATAN.

Quel est ce salpêtre?

LES FRANÇAIS.

Je suis le Théâtre Français. Que désirez-vous? dépêchez...

LE POSTILLON.

Je ne vous ai jamais vu si vif...

LES FRANÇAIS.

Je monte ma grande tragédie pour ma grande tragédienne... Je n'ai pas une minute à moi...

FLEUR-DES-POIS.

Deux mots au moins sur votre tragédie.

LES FRANÇAIS.

Voilà... après le grand succès d'Ulysse...

SATAN.

Oh! grand succès...

LES FRANÇAIS.

N'importe! Malgré les pourceaux, la pièce est arrivée à bon port. Après ce grand succès, dis-je, j'ai senti le besoin de monter tout de suite autre chose. J'ai mis à l'étude *Médée*, tragédie en cinq actes en vers... Ma grande tragédienne remplira le rôle de Médée.

SATAN.

C'est-à-dire que vous avez dit à votre grande tragédienne : Viens, Médée.

LES FRANÇAIS.

Précisément. Je sentais le besoin d'avoir un grand succès... Je suis sûr de mon affaire... ma grande tragédienne arrachera tous les braves... car elle les arrache, elle. Le sujet de mon chef-d'œuvre est palpitant... les deux premiers actes languissent un peu... mais, au troisième acte, pour relever l'intérêt, Médée hache son frère menu menu comme chair à pâté, et éparpille les morceaux le long du chemin, afin de retarder son père qui court après elle pour lui faire quelques petits reproches sur sa conduite. Au quatrième acte, elle invite les filles de Pélias à mettre le pot au feu... et elle jette le père de ces malheureuses dans la marmite. Quand elles s'aperçoivent que leur père est le bœuf, et qu'elles le retirent du pot... elles écument. Enfin, au cinquième acte, Médée égorge ses deux enfants... elle en fait faire un haricot de mouton, et elle invite à dîner Jason, son mari... Pendant qu'ils sont à table, elle lui dit : Jasons, et, tout en jasant, elle lui fait croquer le marmot...

SATAN.

Jason mange ses petits... Ça sera dur à digérer...

LES FRANÇAIS.

C'est historique.

Air du Charlatanisme.

Jamais! jamais sous le soleil,
Jamais sous le soleil du lustre
On n'aura vu succès pareil
Pour ma tragédienne illustre.

FLEUR-DES-POIS.

Pour moi, je soutiens et prétends,
Dût-on m'accuser de faiblesse,
Qu'il est permis à des parents
D'en arriver à manger leurs enfants,
Ça n'peut-être que de caresses,
Qu'ils les mang'nt seul'ment de caresses.

LES FRANÇAIS.

Avec tout ça, vous m'avez retardé... je vais manquer l'heure de ma répétition... Vite! un postillon! un cheval! un âne! un cab à la course! un cab à l'heure!

LE POSTILLON.

Montez sur mon dos, je me charge de vous transporter *presto*... et, si vous avez mes chance, vous pouvez être sûr de galoper au succès...

(Le postillon charge le Théâtre-Français sur son dos, fait le tour de la scène en galopant, avec accompagnement de hop! hop! et de coups de fouet, et sort. L'orchestre joue le galop du Postillon.)

SCÈNE V.

SATAN, FLEUR-DES-POIS, ROSE-POMPON, BICHONNETTE, L'ODÉON, LE LUXEMBOURG.

(L'Odéon est entré suivi du Luxembourg, au moment où sortent les Français et le postillon.)

L'ODÉON.

Hâte-toi, pauvre vieux; va chercher le succès...
Il vient me trouver, moi, sans que je coure après.

SATAN.

Quel est ce père tranquille?

L'ODÉON.

Moi, je suis l'Odéon... Dieu sait comme on me traite.
Que de mauvais bons mots à la face on me jette.
Qu'importe! si je puis, le prenant par la main,
Au poète d'hier ouvrir un lendemain.

SATAN.

Ah! ah! vous avez un nouveau poète?

FLEUR-DES-POIS.

L'auteur de Richelieu.

L'ODÉON.

On m'a dit bien souvent, en forme de critique:
A quoi sers-tu? Pourquoi ne pas fermer boutique?
A quoi je sers? à faire éclore des races
Qu'on est heureux, plus tard, de reprendre aux Français.

SATAN.

Quel est ce petit jeune homme là, à deux pas de l'Odéon?

LE LUXEMBOURG.

Moi? Théâtre du Luxembourg... Je ne fais pas beaucoup de bruit, mais je fais pas mal de besogne... (*A Fleur des Pois, Rose Pompon et Bichonnette.*) Il faut venir me voir, mes petites dames.

FLEUR-DES-POIS.

Nous demeurons trop loin.

LE LUXEMBOURG.

Où perchez-vous? sans indiscrétion.

FLEUR-DES-POIS.

Chaussée d'Antin...

LE LUXEMBOURG.

C'est à deux pas de chez moi... Vous prenez rue Saint-Lazare le chemin de fer de Versailles, rive droite, et vous arrivez au Luxembourg par le chemin de fer de Versailles, rive gauche. Ça n'est pas plus malin que ça... Venez me voir.

AIR : *C'est sur l'herbage.*

Oui, mes mignonnes,
Montrez-vous bonnes,
Venez me voir dans mon pays lointain;
Je vous appelle,
Et par mon zèle
Je veux vous faire oublier le chemin.

On vous dira qu'il faut plus d'une lieue
Pour arriver dans mon quartier maudit,
Et que je suis presque de la banlieue...
Bah! laissez dire... et venez où l'on rit.

Du Vaudeville,
Modeste asile,
Avec gaîté j'agite mes grelots;
Je ressuscite
Le vieux mérite
D'anciens succès dont je fais des nouveaux.

Je joue aussi des drames... non funèbres,
Toujours exempts d'un trop terrible émoi.
Plus d'un artiste et d'un auteur célèbres,
Obscurs alors, ont commencé chez moi.

Ma troupe entière,
Qui cherche à plaire,
Fait des efforts sans cesse renaissants;...
Qu'on l'applaudisse,
Et c'est justice...
Petits acteurs un jour deviendront grands.

Eh! mais j'y songe... et moi qui vous invite,
Mes spectateurs à l'étroit sont assis;
Mon zèle est grand, mais ma salle est petite...
Qu'importe, si je la remplis d'amis.

Oui, mes mignonnes, etc.

(*Reprise ensemble du refrain, pendant lequel le Luxembourg sort en dansant et en entraînant l'Odéon avec lui.*)

SCENE VI.

SATAN, FLEUR-DES-POIS, ROSE POMPON, BICHONNETTE.

SATAN.

Il est drôlet ce Luxembourg; j'ai envie de lui donner aussi des étrennes; mais dites donc, Fleur-des-Pois de mon cœur, si vous faites venir comme ça les théâtres les uns après les autres, nous en avons pour dix-huit mois... — Allons! un bon coup de baguette! qu'il nous en vienne plusieurs à la fois...

FLEUR-DES-POIS, *agitant sa baguette.*

Paraissez!...

SCENE VII.

LES MÊMES, LE COCHER, LA BERGÈRE, LA GRISETTE.

LE COCHER, LA BERGÈRE, LA GRISETTE.

ENSEMBLE:

AIR : *Nous sommes les jeunes filles.* (Malice et Pas-si-Sotte.)

Venez, venez dans ma salle,
Voir un succès sans égal;
Je vais, de la capitale,
Empocher tout le capital.

SATAN.

Quel est ce cocher de fiacre?

LE COCHER.

Un succès... pas ambigu... — Faut-il une voiture, là, bourgeois?

SATAN.

Vous arrivez de l'Ambigu?

LE COCHER.

Un peu, bourgeois... Ce pauvre Ambigu ne roulait pas voiture, il ne mettait pas le moindre foin dans ses bottes... le guignon avait mis des bâtons dans ses roues... il allait verser... Clic! clac!... J'arrive, je prends la file avec mon sapin... et hue! bourgeois... voilà un coup de fouet qui nous mènera loin... En route pour cent représentations...

SATAN.

Cette jeune bergère?... et ron, et ron, petit patapon...

FLEUR-DES-POIS.

La bergère des Alpes.

LA BERGÈRE, *pleurant.*

Hi! hi! hi!... Je suis la Gaîté...

SATAN.

Vous faites bien de le dire.

FLEUR-DES-POIS, *désignant la Grisette.*

Le Gymnase...

SATAN.

Une grisette... elle a l'air bien joyeux.

LA GRISETTE.

Je suis Thérèse la grisette; je n'ai pas trop sujet de rire; mais chez nous on a beau faire du drame, on voit tout couleur de rose... chéri.

SATAN.

Ah çà! et le Vaudeville?

FLEUR-DES-POIS.

Il ne viendra pas; il est à l'enterrement de la *Dame aux Camélias*...

SATAN.

La pièce est donc morte?

FLEUR-DES-POIS.

Du tout! Plus l'héroïne meurt, plus la pièce vit...

AIR : *Calpigi.*

Dans une scène rembrunie,
Tous les soirs on voit l'agonie
De Marguerite, et cependant
Le succès est très-bien portant,
Le succès va toujours croissant;
Sur l'héroïne qu'on enterre,
Dans cette pièce centenaire,
N'aller pas verser trop de pleurs...
On ne l'enterr' que sous des fleurs. (*bis.*)

SCÈNE VIII.

LES MÊMES, LIMOUSIN.

LIMOUSIN, *en maçon, criant.*

Une truellée au sas... serrée!

SATAN.

D'où sort ce maçon-ci?

LIMOUSIN.

Pour lors, ce maçon-ci... c'est moi... Limousin dit Gâcheux, dit Dur-à-Plâtre, né natif de Limoges, Haute-Vienne... Un bon compagnon, j'ose le dire, et pas fier avec le monde. (*Il tape sur le ventre de Satan.*)

SATAN.

Ouf!... Quel rapport avez-vous avec les théâtres?

LIMOUSIN.

Le rapport, pour lors... c'est que c'est moi que je viens de construire au Cirque sa résidence d'hiver...

SATAN.

Sa résidence d'hiver?

LIMOUSIN.

Parbleur... Le Cirque des Champs-Élysées avait bien sa maison de campagne pour l'été, mais l'hiver, bernique! il était obligé de vagabonder... Pour lors il s'est dit : voilà les mois d'hiver, les mois longs, il va falloir décamper... Mais bah! cirque qui roule n'amasse pas de mousse... restons plutôt à Paris.... Pour lors il est venu m'embaucher, afin que je lui construise sur le boulevart des Filles-du-Calvaire une édition ibidem de son domicile du Carré Marigny... là-dessus je me suis mis à l'auge et à la truelle... et c'est fait.

SATAN.

Ah! ah! Paris aura deux cirques équestres...

LIMOUSIN.

Mais oui, pour lors...— et ça, grâce à moi—(*criant*) une truellée au sas, serrée?...

FLEUR-DE-POIS.

Et quand ouvre le nouveau Cirque?

LIMOUSIN.

Un de ces quatre soirs... — J'ai assisté hier à la répétition générale...

SATAN.

Vous?

LIMOUSIN.

Pourquoi pas? — Hier soir j'étais t'en cirque a-sis...

SATAN.

Vous arrivez de Circassie?

LIMOUSIN.

Mais non, j'étais t'en cirque assis.

SATAN.

J'entends bien...

LIMOUSIN.

J'étais t'assis dans le cirque, si vous aimez mieux... — Pour lors, faut vous dire que le parisien qui rédige cet établissement nous avait fait la galanterie d'inviter tous les maçons de la chose à son spectacle... — On ne voit pas beaucoup de gens... comme ça... — pour lors, nous étions là une flotte qui courbons des quinquets, fallait voir!... — que bel endroit! et que belles femmes!... j'en avais des éblouettes, pristi! — et comme ça vous grimpe à da da... — Que jolie troupe! — je me disais dans mon for intérieur : je m'enrôlerais crânement dans cette cavalerie-là. — On doit avoir bien de l'agrément à manger avec l'écuyère (*portant des bottes à Fleur-des-Pois avec sa main*, à porter des bottes à l'écuyère... — pour lors, là-dessus, les museaux de chiens nous jouent un pas accéléré, en avant, marche! et chacun commence son petit manège.

AIR final de la *Tirelire.*

Bravo! bravo!
Comme c'est beau!
V'là qu'ça commence
Chacun s'élance...
Au trot! au trot!
Au grand galop!
Chaque écuyer ne fait qu'un saut!

Puis vient un' dame avec un grand cerceau
Garni d' papier, qu'on eût dit un fromage...
L' cheval fait l' tour, et la femm', subite,
Crève l' machin pour se faire un passage...

Bravo! bravo! etc.

Moi, je m' disais, en sautant d' sus mon banc:
J' suis donc au cirque — ah! quelle rire... obstance!
Mais je m' épatais, car j'ai vu le moment
Où j' m'élançais dans leur circ... enférence!

Bravo! bravo! etc.

(*Reprise ensemble.*)
Bravo! bravo!

SCÈNE IX.

LES MÊMES — LA TOMBOLA.

(*Sa robe est parsemée de numéros et de billets de loterie.*)

LA TOMBOLA.

En voilà de ces bravos à grand orchestre! Vous savez donc que j'arrive, moi, La tombola... la reine du jour, la cousine germaine de la loterie... la petite fille du Loto... — Mon règne recommence — qui veut des billets?

SATAN.

La tombola reprend sa vogue?

LA TOMBOLA.

A l'Hippodrome, tombola — aux Arènes, tombola — à la salle Sainte-Cécile, au Casino Paganini, tombola! tombola ci, tombola là, tombola partout!... — à l'Hippodrome les quatre premiers numéros sortants ont le droit de monter en ballon...

FLEUR-DE-POIS.

Et se casser le cou.

LA TOMBOLA.

Ça ne me regarde pas... — Qui veut des billets ? — A la salle Sainte-Cécile, les numéros gagnants ont droit à leur portrait lithographié, photographié, ou daguerréotype, au choix — mais c'est surtout aux Arènes que je fais florès... Place à la tombola gastronomique !

Air : *la Légère.*

Vite ! vite !
Qu'on s'invite
A prendre mes numéros ;
Qu'on s'étonne,
Car je donne
Quels lots
Nouveaux !

Des gigots !

Oui, moyennant un billet
Que vous prenez à la porte,
Vous pouvez, la chose est forte,
Avoir un dîner complet :
Le public gagne au tirage...
Quelle satisfaction !
Trois plats au choix, un potage,
Du pain à discrétion !...

Vite ! vite ! etc.

La vie est un' tombola :
Conscription, mariage,
C'est le hasard qui partage
En aveugle ces lots-là.
La bonne philosophie
C'est de ne pas vouloir trop ;
Heureux qui dans cette vie
Se contente de son lot.

Vite ! vite ! etc.

Vous jugez de mon triomphe ; aussi je veux, cet hiver, m'introduire dans les bals, dans les soirées, dans les réceptions du grand monde...

SATAN.

Prenez garde de trouver votre tombeau là.

LA TOMBOLA.

Bah ! je suis comme la loterie, j'ai la vie dure. Qui veut des billets ? (*A Satan.*) Vous, monsieur ? (*A Fleur-des-Pois.*) Vous, belle dame ? (*A tous les personnages.*) Vous, vous ?... (*Elle place ses billets.*) Attention ! tous les billets sont pris... je procède au tirage... C'est ici la bataille des lots... Ma corbeille ? (*On apporte une corbeille et un sac de numéros. La Tombola procède au tirage, appelant un numéro :*) N° 1... qui a le n° 1 ?

FLEUR-DES-POIS.

Moi...

LA TOMBOLA.

La personne à qui appartient le n° 1 a gagné son portrait, ressemblance garantie. (*Elle donne le lot.*)

FLEUR DES POIS.

Une glace !...

LA TOMBOLA.

Vous ne pouvez pas exiger une plus grande ressemblance... Regardez-vous ?.... (*Continuant l'appel.*) N° 7 ?

ROSE POMPON.

Moi...

LA TOMBOLA.

Le n° 7 a gagné un porte-plume élégant... (*Remettant un petit balai de plumes.*) Voici le porte-plume... (*Remettant une paire de gants.*) et voici les gants... un porte-plume et les gants... (*Tirant un numéro.*) N° 8 ?

SATAN.

Présent.

LA TOMBOLA.

Le n° 8 a gagné un magnifique cache-nez. (*Elle lui donne un gros nez de carton.*)

SATAN.

Quel pied de nez !...

LA TOMBOLA.

(*Reprise de l'air.*)

Vite ! vite !
Qu'on s'invite
A prendre des numéros ;
Qu'on s'étonne,
Car je donne
De gros
Lots,
Beaux
Et nouveaux !

LA BERGÈRE.

Vous seriez bien gentille de venir me faire une petite visite...

LA TOMBOLA.

Ça ne va donc pas ?

LA BERGÈRE.

Hum ! hum !

SATAN.

Cependant, à vous entendre tous...

LE COCHER.

Vous savez... On a des hauts et des bas... et dam ! quand les bas arrivent, ça nous chausse tout juste... On ne sait que faire pour ramener la vogue...

SCÈNE X.

LES MÊMES, UN MONSIEUR.

LE MONSIEUR, *sortant du trou du souffleur.*

La vogue... qu'est-ce qui demande la vogue ? Je l'ai là la vogue... dans une petite boîte... une tabatière... en voulez-vous ! n'en voulez-vous pas ?

SATAN.

Qui êtes-vous ?

LE MONSIEUR.

Qui je suis ?.. (*Tirant une boîte de sa poche.*) Sentez-moi ça...

SATAN.

(*Après avoir senti.*) Puah !

LE MONSIEUR.

Vous avez mis le nez dessus.

SATAN.

Que trop !...

LE MONSIEUR.

Eh bien !... cette petite poudre, cette poudre... elle, est l'unique salut des théâtres... J'en suis le fournisseur breveté, sans garantie. On me fait des commandes considérables... Monsieur... vous savez bien qui je veux dire... ne se sert que de ma poudre, de ma petite poudre... Depuis que le sel est pour rien, il trouve mauvais genre d'en saupoudrer ses pièces... tandis qu'une pincée de ma poudre... de ma petite poudre, en voilà le succès !

SATAN.

C'est gâter le goût du public.

LE MONSIEUR.

Au contraire! le public ne peut pas sentir les pièces où l'on ne met pas un peu de ma... de mon... cœur de ce que... monsieur.... vous savez bien... met dans toutes ses pièces...

SATAN.

C'est Domange.... (*Se reprenant.*) non, c'est dommage.

SATAN.

Aussi... je ne crois pas que le public...

LE MONSIEUR.

En voulez-vous une preuve?... je vais vous montrer la scène capitale de la *Chatte blanche*, dans laquelle j'ai semé de ma poudre... de ma petite poudre... et la *Chatte blanche* n'a pas eu de succès, c'est le chat!...

SCÈNE XI.

(*Musique — scène de pantomime — Plusieurs guerriers armés de piques et serrés sur une file les uns contre les autres entrent en scène — Ils rompent leur rang, déposent leurs armes, et préparent la soupe dans un vase que l'un d'eux a apporté — puis ils se couchent et s'endorment — Un grand pot sort de terre, sur lequel est écrit* SATAN; *le* MONSIEUR *en verse le contenu dans la soupière, les guerriers se réveillent et se mettent à manger la soupe, ensuite ils se replacent sur un rang, face au public — Le premier soldat est pris d'une colique, et fait d'affreuses grimaces, après quoi il passe sa pique à son voisin et se sauve; et ainsi de suite des autres jusqu'au dernier — Le dernier, resté seul, et embarrassé à son tour de toutes les piques, fait d'horribles contorsions, finit par jeter les piques, et prend la fuite en se tenant le ventre — La musique cesse.*)

SCÈNE XII.

LES MÊMES, *moins les* GUERRIERS — *puis* LICHARD III.

(*Il est bossu, boiteux et manchot.*)

LE MONSIEUR.

Voilà tout l'esprit de la pièce... c'est le plus grand succès de l'année... courante.

(*Lichard III entre.*)

LICHARD III.

Terre et cieux! tête et gorge!... Vous en avez menti...

SATAN.

Quel est ce bossu boiteux... non, ce boiteux bossu... et manchot?...

LICHARD III.

Je suis Lichard III... je n'ai qu'un bras, mais je ne suis pas manchot... (*entraînant Satan*) Venez!... venez!...

SATAN.

Où me conduisez-vous?...

LICHARD III.

A la porte Saint-Martin!!...

SATAN.

Un instant donc...

LICHARD III.

Venez me voir mourir... ou plutôt non... je vais expirer sous vos yeux... —Admirez mon dénouement et frémissez. (*Prenant des poses tragiques.*) Abandonné! trahi!... eh bien! je veux finir la bouteille à la main!... je veux lécher encore... je veux lécher toujours! (*On lui donne une bouteille, il boit, et se grise par degrés*) la bouteille... (*Il trébuche*) garçon, une autre... à boire!. j'ai soif!... regarde, mes traits sont altérés... j'ai soif. (*Agitant les bras à la façon de Richard III*) du vin!... j'en veux plus — j'en veux encore — non — si — un verre... — non — je boirai à même — un flot de vin m'a apporté, un flot de vin me remporte... —Oh! la vie? — une loque! — la mort? un éteignoir!... — du vin!... et du bon... (*chancelant*) n, i, ni... adieu la compagnie... — stupide humanité!... — bonsoir!... (*Il tombe.*)

FLEUR-DE-POIS.

Ainsi finit Lichard III...

SATAN.

Lichard tombe, la toile tombe...

FLEUR-DE-POIS.

Mais la pièce ne tombe pas... (*Musique*)

FIN DU TROISIÈME TABLEAU.

QUATRIÈME TABLEAU.

Le Miroir de l'Avenir.

Les Champs-Élysées. — Au fond, à gauche, les constructions du Palais-de-Cristal.

SCÈNE PREMIÈRE.

SATAN, FLEUR-DES-POIS, ROSE POMPON, BICHONNETTE.

SATAN.

Ah! j'étais bien aise de prendre un peu l'air... — Le décès de votre M. Richard III m'a donné des émotions du diable... — Mais, où sommes-nous?

FLEUR-DES-POIS.

Dans le grand carré des Champs-Élysées.

SATAN.

Et ces constructions?

FLEUR-DES-POIS.

Le Palais de Cristal parisien... — Justement, voici l'ingénieur en chef qui vient à nous...

SCÈNE II.

LES MÊMES, L'INGÉNIEUR.

L'INGÉNIEUR, *saluant*.

Mesdames, monsieur...

SATAN, *lui rendant son salut*.

Monsieur... (*A Fleur-des-Pois*) On voit, à sa politesse, que c'est un ingénieur... civil. — (*A l'ingénieur*) C'est vous, Monsieur, que...

L'INGÉNIEUR.

Oui, Monsieur, c'est moi qui...

SATAN.

Ah! très-bien... très-bien...

L'INGÉNIEUR.

Vous comprenez que Paris ne pouvait pas se laisser damer le pion par Londres... — Allons donc! — il a voulu avoir son Cristal-Palace... Il l'aura.

FLEUR-DES-POIS.

Paris en est bien capable.

L'INGÉNIEUR.

Mais, pour mener cette entreprise à fin, il fallait un homme comme moi... — Tout le monde ne peut pas se permettre de construire un palais de cristal...

SATAN.

Je le crois bien...

L'INGÉNIEUR.

Il fallait un gaillard taillé pour ça.

SATAN.

Ah! vous vous êtes taillé?...

L'INGÉNIEUR.

Je le suis...

SATAN.

En effet, vous m'avez l'air solide...

L'INGÉNIEUR.

Ne vous fiez pas à l'apparence, je suis plus fragile que vous, plus fragile que ces demoiselles...

SATAN.

Fragile! En quoi? Comme vertu?... C'est juste, la vertu est fragile....

L'INGÉNIEUR.

Non, fragile comme force, comme santé, comme constitution...

SATAN.

Je ne saisis pas...

L'INGÉNIEUR.

Est-ce que vous croyez bonnement que, pour inventer, comprendre, projeter, édifier un palais de cristal, on a pris un ingénieur en chair et en os?... Du tout...

SATAN.

Comment?...

L'INGÉNIEUR, *montrant son bras*.

Vous voyez bien ce bras-là?

SATAN.

Je le vois...

FLEUR-DES-POIS.

Nous le voyons...

L'INGÉNIEUR.

Ce bras-là... — c'est du cristal...

SATAN.

Vrai?...

L'INGÉNIEUR, *montrant sa poitrine*.

Ce thorax... du cristal... (*Montrant sa jambe*) Ce mollet... du cristal...

SATAN.

C'est à n'y pas croire...

L'INGÉNIEUR.

Vous pouvez vous en convaincre... — Frappez-moi.

SATAN.

J'aurais peur de vous étoiler...

L'INGÉNIEUR.

Frappez doucement...

(*Satan frappe l'ingénieur en plusieurs endroits. — Les coups frappés rendent un son de cristal.*)

SATAN, LES TROIS RATS.

C'est merveilleux!

L'INGÉNIEUR.

Mieux que cela..., c'est renversant. — Songez donc que je ne puis jamais être malade... — Aussitôt que je me sens indisposé, le médecin n'a qu'à regarder à travers mon corps; il voit tout de suite quel est mon mal, et il le détourne...

SATAN.

Admirable!...

L'INGÉNIEUR.

Mais, pardon... — Je vous quitte... — Mes ouvriers profiteraient de mon absence pour aller boire dans un bouchon...

FLEUR-DES-POIS.

Un bouchon de cristal?...

L'INGÉNIEUR.

Toujours... — Visitez les travaux à votre aise... — J'ai bien l'honneur de vous prier d'agréer mes plus humbles et plus respectueuses salutations... (*Il se confond en saluts, et se retire à reculons.*)

SATAN.

Je trouve ce M. de Cristal... poli.

(*Grand bruit, au dehors, de cristal brisé.*)

LES TROIS RATS.

Ah! mon Dieu!

SATAN.

Qu'est-ce que c'est?

FLEUR-DES-POIS, *qui est allée voir*.

L'ingénieur qui vient de se laisser tomber... — Il s'est cassé comme du verre...

SATAN.

Le pauvre homme!... J'en suis bien pétrifié... — Que dis-je? — J'en suis cristallisé...

ROSE POMPON.

Je le raccommoderai avec quelques gouttes d'eau de Jouvence.

SCÈNE III.

LES MÊMES, moins L'INGÉNIEUR, LE JOUEUR DE BOULES. (*Il tient deux ou trois boules à la main.*)

LE JOUEUR.

AIR : *Quel désespoir !*

Quel désespoir !
La foule
N'a plus de jeu d'boule...
Quel désespoir !
Que fair'du matin jusqu'au soir?

SATAN.

Quelle désolation ! — Seriez-vous parent de ce malheureux ingénieur cassé à la fleur de son âge?

LE JOUEUR.

Ma foi, non ! je voudrais qu'ils fussent tous au diable, vos ingénieurs ! avec leur Palais de Cristal... — ils me détériorent mes Champs-Elysées... ils me chassent comme un rien du tout... — Je vous demande s'il n'y a pas de quoi faire sortir un joueur de son caractère...

SATAN.

Un joueur de quoi ?

LE JOUEUR.

Un joueur de boules... — Je suis, ou plutôt j'étais joueur de boules...—Tous les jours, de neuf heures du matin à cinq heures du soir, je faisais ma petite partie de cochonnet sous les arbres; maintenant, plus moyen... —On me renvoie de dessous les marronniers, aussi je marronne... — un jeu si amusant ! — ça va faire bien des mécontents... Moi qui faisais de si beaux coups... —Je me rappellerai toujours ma dernière partie... — Il s'agissait de chasser la boule de mon adversaire... (*se posant en joueur de boules*) je pointe... je fais mes trois pas... (*il fait trois pas*) je lance... (*il lance sa boule*), V'lan ! voilà ma boule partie dans les jambes d'un invalide.

AIR : *Rien n'est si beau que mon village.*

Il avait deux jambes de bois
Et marchait avec des béquilles,
J'avais crié : Gare les quilles !
Mais sans qu'il entendît ma voix...
Mon invalide avec la foule,
N'sachant pas à temps reculer,
Du premier coup perdit la boule,
Et s'mit hélas ! à débouler...

Oui, monsieur, il est tombé les quatre fers en l'air... — Eh bien ! malgré ça, le lendemain mon curieux était à son poste...—Et puis nous intéressons nos parties... Moi, j'ai gagné des sommes folles au jeu de boules... — J'ai un mobilier que j'ai acheté avec mon gain...

SATAN.

Un mobilier...

LE JOUEUR.

Oui, tous meubles de Boule...— Et il me faut renoncer à mon plus grand plaisir, à mon jeu favori... c'est à se désoler pour le reste de ses jours, moi qui étais comme un bienheureux dans les Champs-Elysées...

SCÈNE IV.

LES MÊMES, LE MAT DE COCAGNE.

(*Ce personnage est long et maigre, son chapeau est pointu, surmonté d'un petit drapeau tricolore, et porte une large couronne de fleurs à laquelle sont suspendus un couvert, une timbale et une pipe.*)

LE MAT.

AIR : *Ah ! ah ! ah ! ah ! ah !*

Ah ! ah ! ah ! ah ! ah ! ah !
Rien n'me consol'ra
De ma dure
Mésaventure...
Eh ! eh ! eh ! eh ! eh ! eh !
Dans le Grand-Carré
Jamais je n'me redresserai.

Autrefois, dans chaque fête,
De prix nombreux tout garni,
Je m'tenais droit comme un I,
Et j'pouvais faire ma tête...
Ah ! ah ! ah !

SATAN.

Serait-ce un second joueur de boules?

LE JOUEUR.

Non, mais c'est encore un malheureux, exilé comme moi du grand carré des fêtes.

LE MAT.

Hélas ! oui... je suis le Mât de cocagne...—Renvoyer un beau mât teint comme moi... — un mât rond, haut comme un châtaignier... — Mais alors, si l'on me met de côté, il n'y a plus de fêtes possibles... — Qu'est-ce qu'une fête sans mât de cocagne? Un aveugle sans bâton, un corset sans busc, — et puis, quelle leçon de philosophie en permanence je donnais au public... — Qu'est-ce que l'existence? Un mât de cocagne : chacun grimpe à son tour, quelquefois même l'un sur le dos de l'autre... — Heureux celui qui gagne la montre ou la timbale... Mais le gagnant, c'est toujours celui qui se donne le plus de mal après le bâton savonné... — Ce qui prouve que le travail obtient toujours sa récompense...—Seulement, avec moi, pour monter il faut des cendres...

SATAN.

Il faut descendre pour monter.

LE MAT.

Sans doute... — C'est avec des cendres qu'on enlève le savon dont on m'enduit pour rendre la besogne plus difficile...

SATAN.

Ah ! bien, je comprends...

FLEUR-DES-POIS.

Maintenant que vous voilà sans occupation, que faites-vous ?

LE MAT.

Je ne suis pas embarrassé... —J'ai vu tant de choses, j'ai assisté à tant de fêtes publiques, à tant d'anniversaires, d'illuminations... Aussi, j'ai écrit ma vie, mes impressions.

SATAN.

En un mot, vous allez publier vos mémoires.

LE MAT.

C'est fait...

AIR : *Turlurette.*

Chacun sait quel vif éclat
Jettent les mémoir's du mât,
L'succès qui les accompagne
Toujours gagne...

SATAN.

(*Parlé.*) Ah ! oui, les fameux mémoires Damas.

LE MAT, *faisant l'air.*

De Cocagne...
Du mât... de Cocagne.

LE JOUEUR

Allons, mon vieux, venez avec moi... Nous nous
consolerons ensemble, et, pour nous distraire et tuer le
temps, vous me lirez les mémoires Dumas.

LE MAT, *reprenant la fin de l'air.*

De Cocagne...
Du mât... de Cocagne.

Le Joueur et le Mat sortent bras dessus, bras dessous.

SCÈNE V.

SATAN, FLEUR-DES-POIS, ROSE-POMPON,
BICHONNETTE.

SATAN.

Tout ceci est fort intéressant... Mais je ne serais pas
fâché que Bichonnette, le rat numéro trois, usât un peu
des étrennes du Diable...

BICHONNETTE.

A vos ordres, maître Satan... (*Agitant son miroir.*)
A l'œuvre, mon miroir ! montre-nous un coin de l'avenir...

SCÈNE VI.

LES MÊMES, L'APPRIVOISEUR ; *il a la poitrine cha-
marrée de médailles.*

L'APPRIVOISEUR, *accent marseillais.*

Air : *J'vas chercher ma friandise (Tirelire).*

A l'apprivoiseur de bêtes,
Faites place, place aussitôt.
De mes nouvelles conquêtes,
Admirez le tableau,
    Subito !

Vous voyez en moi le plus célèbre apprivoiseur du
vingtième siècle... troun de l'air !...

SATAN.

Troun de quoi ?

L'APPRIVOISEUR.

Troun de l'air !... le successeur, l'héritier, le descendant des Martin, des Carter, des Van Amburgh et des
Charles... Troun de Diou di bagasse !

SATAN.

Troun de quoi ?

L'APPRIVOISEUR.

Troun de Diou di bagasse ! Maintenant, au moyen du
degré de puissance auquel mon art est parvenu... il n'y
a plus de bêtes fauves... les habitants du désert, si ter-
ribles autrefois, sont doux à présent comme de petits
mérinos... le lion, le tigre, le chacal sont des animaux... domestiques...

SATAN.

Domestique, vous-même.

L'APPRIVOISEUR.

Vivant dans l'intérieur des familles, partageant leurs
joies et leurs douleurs... Le chat, le chien, le cheval ont
disparu du règne... animal.

SATAN.

Animal, vous-même...

L'APPRIVOISEUR.

Aussi voyez, pour tous ces résultats, ce que tous les
pays m'ont donné de médailles... j'en ai plein la poitrine. Nous autres Marseillais, nous aimons beaucoup la
bouillabaisse et les mets d'ail !... Bien plus, mes animaux, ils viennent de fonder une école scénique, clas-
sique, tragique, dramatique et mélodramatique. Avant
peu j'ouvre sur les boulevards... qui sont aujourd'hui
où étaient jadis les fortifications... le théâtre national
des bêtes ci-devant féroces. La pièce d'ouverture est
intitulée : *Le Lion qui tourne au Cerf*, tragédio-
drame, en trente actes et sept cent soixante-dix-neuf
tableaux. La scène se passe en Afrique, dans un désert
des environs de Paris ; le théâtre représente une plaine
aride...

SATAN.

Une vieille plaine...

L'APPRIVOISEUR.

Une vieille plaine, qués aco ?

SATAN.

Dam ! une plaine à rides...

L'APPRIVOISEUR.

Vieux quécou !... au lever de la toile, on voit s'avancer un chacal, suivi de plusieurs chacaux, ils se mettent à rugir en société... Vous savez que, pour les ru-
gissements, les chacaux ont le pompon... Alors le lion
fait son entrée... La lionne lui fait des infidélités avec
un léopard... Ce lion, qui passe pour un ours mal lé-
ché, est un cerf... ses pareils le voient avec dédain... il
va aux renseignements... les chacaux lui rugissent leur
opinion à l'égard de la conduite légère de sa lionne lé-
gitime...

FLEUR-DES-POIS.

Le public a besoin d'interprète...

L'APPRIVOISEUR.

Il y a un livret explicatif, troun de l'air !

SATAN.

Troun de quoi ?

L'APPRIVOISEUR.

Troun de l'air ! Exemple : premier chacal rugissant...
(*imitant un rugissement.*) Rrrrr !... Explication du
livret : J'ai rencontré la lionne, rue aux Ours... Second
chacal, même jeu... (*Nouveau rugissement.*) Rrrrr !...
Explication : Je l'ai rencontré rue du Dragon... Bref,
il résulte de ces informations que la lionne ne fait plus
son ménage, qu'elle ne soigne plus son fils, qui de-
meure rue du Petit-Lion ; qu'elle oublie ses devoirs
d'épouse et de mère... Le lion devient furieux... il jure
par sa crinière qu'il tirera vengeance de cette trahison
matrimoniale... En effet, au trentième acte, il étouffe sa
lionne entre un sommier de crin et une paillasse, à l'ins-
tar d'Othello... Troun de Diou di bagasse !

SATAN.

Troun de quoi ?

L'APPRIVOISEUR.

Troun de Diou di bagasse ! — qu'est-ce que vous dites de ça ?

SATAN.

Air : *Pas redoublé*

Ce dialogue d'animaux
Doit rendr'la pièce ingrate,
Et l'public avec à propos
Lui donn'plus d'un coup d'patte.

L'APPRIVOISEUR.

Bah! le parterre... Dieu merci!
Comprend dans sa sagesse,
Qu'un'piec'de bois comme celle-ci
Doit être qu'un bêt' de piece.

En outre, j'ai des intermèdes pendant lesquels un jeune perroquet de la plus grande espérance chante des chansonnettes comiques, et un magnifique rhinocéros de Sumatra qui danse sur un fil d'archal sans balancier...

SATAN.

Tous ces progrès sont surprenants... mais est-ce là tout ce que le vingtième siècle a de nouveau?

L'APPRIVOISEUR.

C'est la cent millionième partie du merveilleux auquel nous sommes arrivés... — Demandez à l'illustre Fendlair, qui se dirige de ce côté et à qui je cède la place... (Il sort.)

SCÈNE VII.

LES MÊMES, *moins* L'APPRIVOISEUR, FENDLAIR.

(Fendlair a un costume d'employé des chemins de fer — son chapeau est un tuyau de locomotive. —

FENDLAIR

Présent!... c'est moi. *(Imitant le bruit de la vapeur.)* pif! pif! pif! pif! pif!

Air : *Indiana et Charlemagne.*

gar'la,
Voila
Le chemin de fer qui passe,
Bravant
Le vent,
Et courant
Souvent
Devant,
Filez,
Volez,
Wagons dévorez l'espace;
L'éclair, moins vif,
Auprès de vous est poussif,
Pif!

SATAN.

L'avenir me semble en retard, s'il en est encore aux chemins de fer...

FENDLAIR

Il y a chemins de fer et chemins de fer... — le mien est un rail-way aérien. — il suit l'ex-ligne des boulevarts de la Bastille à la Madeleine... à neuf cents mètres au-dessus du pavé...

FLEUR DES POIS.

Le pavé... il n'y a donc plus de macadam.

FENDLAIR

Pas un caillou, pas une floque d'eau... — Un géomètre du plus grand mérite a inventé tout récemment une espèce de gros carré, qu'il appelle un pavé, et qui a des avantages inouïs. — aussi les fonctions d'entrepreneur du pavage sont très-recherchées... — on les cote à la bourse — c'est une fortune que d'épouser une demoiselle de pavoir... — Pour en revenir à mon chemin, je vous disais qu'il était à neuf cents mètres au-dessus du sol.

SATAN.

C'est un projet en l'air.

FENDLAIR

Point! mon chemin fonctionne. — mes rails sont soutenus par la colonne de la Bastille, la porte Saint-Martin, la porte Saint-Denis et la Madeleine, avec embranchements sur l'Observatoire et les buttes Montmartre...

SATAN, à *Fleur-des-Pois.*

Il raille... de chemins de fer.

FENDLAIR

Je ne raille jamais...

FLEUR DES POIS.

Vous déraillez...

FENDLAIR.

Pas davantage... — Seulement j'ai deux rivaux qui me ruinent : les ballons.

SATAN.

On en a donc enfin trouvé la direction?

FENDLAIR.

Il y a beau jour... — Chacun a le sien... il y a des ballons de maître et des ballons de louage... — ballons à l'année, ballons au mois, ballons à la course, à l'heure... — ballons de soie pour les gens cossus, ballons de toile cirée pour les pauvres sires...

FLEUR DES POIS.

Et des parachutes?

FENDLAIR.

Plus besoin... — Ça ne sert qu'aux auteurs d'amatiques — Ma seconde concurrence, la plus terrible, celle qui m'écrasera avant peu... c'est l'électricité mise à la portée de toutes les intelligences par le grand, le gigantesque, l'incomparable Electric, le chimiste, l'alchimiste, le physicien le plus extraordinaire de ce temps-ci... — Précisément, le voilà qui me tombe sur le dos... (Jetant un cri) Aïe!...

SATAN.

Où ça?... Je ne vois rien.

FLEUR DES POIS.

Ni moi...

ROSE POMPON — BICHONNETTE.

Ni moi...

FENDLAIR.

Il est invisible... — Il va, il vient... il passe... il repasse... il est ici... il est là... il est partout... il n'est nulle part...

BICHONNETTE, *agitant son miroir.*

Aide-moi, Fleur-des-Pois, et puisque mon miroir ne suffit pas pour le faire venir... prête-moi le concours de la baguette...

(Fleur-des-Pois agite sa baguette — Electric accourt en renversant Fendlair qui se trouve sur son passage.)

SCÈNE VIII.

LES MÊMES. — ELECTRIC.

(Ce personnage, dont le costume rappelle une variété d'instruments de physique et de chimie, est tout couvert en mouvement — il court à droite, à gauche, en arrière, en avant, partout, en donnant des pichenettes en guise d'étincelles électriques.)

ELECTRIC.

Voilà! voilà! hein? quoi? qu'y a-t-il? Un couplet d'entrée... impossible!... l'orchestre ne peut pas me suivre... (*Il donne tout en parlant des pichenettes à tous les personnages qui se récrient.*) Et puis vous n'entendriez pas... je parle trop vite, je chante trop vite... Je parle comme je vais, je chante comme je vais, et je vais... Dieu sait comme... — Quand le vent court après moi, il s'essouffle... il ne m'attrape pas... il est bien attrapé... soixante-dix mille lieues à l'heure... Je tiens de l'étincelle... de l'éclair... de la trombe... (*Il donne une pichenette sur le nez de Satan.*)

SATAN, *se récriant.*

Eh ! là... là...

ELECTRIC.

Je vous électrise...

SATAN

Tenez-vous un peu en repos, qu'on puisse vous comprendre...

ELECTRIC.

Difficile...

FLEUR-DES-POIS.

Peut-on connaître les applications que vous êtes arrivé à donner à l'électricité ?

ELECTRIC.

Incroyables, prodigieuses, étourdissantes...

SATAN

Mais encore ?...

ELECTRIC.

Plus de maladies, je guéris tout par la pile électrique. — A preuve : vous avez un rhumatisme dans le bras gauche, la goutte dans le bras droit... (*Lui donnant des coups de poing.*)

SATAN, *se défendant.*

Eh ! dites donc...

ELECTRIC.

Je vous flanque une pile... électrique. — Vous ressentez une affreuse douleur dans les reins, mais vous ne l'avez plus sur les bras...

FLEUR-DES-POIS.

Et votre télégraphe électrique?

ELECTRIC.

Sublime ! je suis parvenu à des résultats ébouriffants, asphyxiants, épatants... — Une rapidité de communications bouleversante, transmise n'importe où, n'importe comment... par la parole, par le geste, par la pensée... — Voulez-vous un exemple? (*Lui donnant un fil dont l'extrémité est attachée en dehors de la scène.*) Prenez ce fil...

SATAN, *le prenant.*

Où aboutit-il?

ELECTRIC.

Plaît-il?

SATAN.

Je dis : Où aboutit-il?

ELECTRIC.

Ah! vous demandez où il aboutit?.. En Chine, à Pékin, à la grande tour de porcelaine... Il traverse l'immensité des mers...

SATAN.

Diable!... ça a dû être la mer à boire...

ELECTRIC.

Bah! j'ai le fil pour ces sortes d'entreprises. Qu'avez-vous envie de transmettre à Pékin?

SATAN.

Ma foi! je n'ai envie de rien.. (*Se ravisant.*) Ah! si...

ELECTRIC.

Eh bien!...

SATAN.

J'ai envie d'éternuer.

ELECTRIC.

Mettez le fil près de votre nez. (*Satan exécute ce jeu de scène.*) Très-bien... Maintenant, éternuez.

SATAN, *éternuant.*

Atchi!...

(*Une énorme voix venant du dehors.*) Dieu vous bénisse.

TOUS, *avec étonnement.*

Oh!

ELECTRIC.

C'est l'employé du télégraphe chinois qui vous fait cette politesse... Dites-lui merci, au moins.

SATAN, *approchant le fil de sa bouche.*

Merci.

LA GROSSE VOIX.

Zut!...

SATAN.

Il me répond zut... Impertinent!...

ELECTRIC.

Ça ne peut pas se terminer comme ça...

SATAN.

Certes non... et s'il était là... je lui donnerais un bon soufflet... (*On entend le bruit d'un soufflet donné au dehors.*)

TOUS.

Hein !

ELECTRIC.

Le télégraphe a transmis votre pensée... le soufflet est donné... reçu... (*Nouveau bruit de soufflet. Satan porte la main à sa joue comme s'il l'avait reçu.*) et rendu... tout ça par le fil électrique.

SATAN, *se frottant la joue.*

Merci de votre télégraphe, Electrac, non de votre télégraphe électrique...

ELECTRIC.

Vous brûlez de venger votre offense... (*Sortant un pistolet de sa poche.*) Recevez ce coup de poing...

SATAN.

Ah! ton...

ELECTRIC.

Ce pistolet, si vous comprenez mieux... (*Satan prend le pistolet.*) Appliquez-le sur le fil... (*Satan suit l'instruction d'Electric.* Bien... lâchez votre chien...

(*Satan fait feu. — Grand cri au dehors.*

ELECTRIC.

Pan!... vous avez blessé votre adversaire... à 3,500 lieues de distance... L'employé chinois vient de tomber, dans la tour de porcelaine, en défaillance...

SATAN, *jetant le fil et le pistolet.*

Assez! assez!... je n'en veux pas voir davantage... c'est à devenir fou... Sulfurine m'attend... je retourne aux enfers... je m'y cache, je m'y enfouis, je m'y enterre... (*Reprenant son premier costume.*) Décidément les hommes ont plus d'esprit que le diable...

FLEUR-DES-POIS, *l'arrêtant.*

Attendez, maître Satan, vous nous avez fait d'assez jolis cadeaux, pour que nous vous fassions tous la conduite... (*Agitant sa baguette.*) Accourez tous!... et qu'on ne dise pas que les étrennes du diable sont des étrennes qui ne valent pas... le diable.

SCÈNE IX.

LES MÊMES, LES AUTRES PERSONNAGES DE LA REVUE.

ENSEMBLE.

Air : *Trempe ton pain.*

À Satan
Faisons à l'instant
Faisons vite
La conduite
Qu'en partant
Satan
Soit content
Et nous visite
Souvent.

VAUDEVILLE FINAL.

Air : *Colin tampon.*

(*Répété en chœur de deux en deux vers.*)

SATAN.

Aux dons par le diable offerts
Donnez des louanges,
Pour qu'en r'tournant aux enfers
Le diabl' soit aux anges.

L'INGÉNIEUR.

Les barrières de Paris
Vont s'crouler, j'espère....
Le progrès dans not' pays
N' connaît pas d' barrière.

LE JOUEUR DE BOULES.

Du français Palac' Cristal
Mon malheur découle;
J'ai depuis c' projet fatal
Un' drôle de boule.

L'APPRIVOISEUR.

L' rhinocéros merveilleux
De ma ménag'rie;
N'a qu'un' corn'.... s'il en veut deux
Il faut qu'il s' marie.

LICHARD III.

Les dompteurs nous ont lassés
D'animaux féroces;
Nous avions d'jà bien assez
Des chevaux faits rosses.

FLEUR-DES-POIS.

D' mon talisman favori
La meilleur' recette,
C'est qu'il faudra qu' mon mari
Marche à la baguette.

LE LUXEMBOURG.

La Bours' donne aux actions
Des cours favorables;
A propos d'jeunes actions
Aidez vos semblables.

LE JUIF ERRANT.

J' donne un almanach, ma foi,
A ma Dulcinée;
L'almanach lui parl' de moi
Deux' fois dans l'année.

CÉRUSE.

Chacun fait son p'tit cadeau
Suivons ce précepte;
Au mois d' janvier, en cas d'eau
Un' riffard s'accepte.

BICHONNETTE.

L'Opéra, du Carnaval
Appell' l'avant-garde;
Jamais pour ouvrir le bal
Musard ne musarde.

LE VENDEUR.

Devinez sans plus d' détail
C' calembourg prohibé;
Tout chemin d' fer a serait
Comme le Grand-Turc même.

LE MONSIEUR.

A la Salle Montesquieu
Le lutteur s'échine;
Quell' lutt' corps à corps, grand Dieu!
Quell' lutt' de poitrine!

ÉLECTRIC.

En fait de paltots d'hiver
L' caoutchouc m'ennuie;
Mais i' bon ton c'est d'avoir l'air
Fourreau d' parapluie.

LA TOMBOLA.

L'Afrique a ses Monts-d' Piété
Maint'nant comm' la France;...
Que l'Émir en liberté
Gard' la reconnaissance.

LE POSTILLON.

D' galett' j'aime à m'étouffer,
Tant pis si l'on jase;
Et j' pens' toujours à bouffer
Quand j' vais au Gymnase.

SATAN.

(*Au public.*)

A notre auteur aujourd'hui
Passez ses bévues;
Et puissiez-vous, vous et lui,
Être gens de r' vues.

FIN.